権力者とメディアが対立する新時代

ファクトよりフェイクニュースが人を動かす時代のジャーナリズム

マーティン・ファクラー

詩想社
― 新書 ―

［まえがき］

激変する権力者とメディアの関係

第45代アメリカ合衆国大統領であるドナルド・トランプ氏の登場は、世界中のメディアに大きな衝撃を与えた。その選挙戦から、大手メディアを名指しで「フェイクニュース」と批判し、メディアとの対立をあおってきたが、大統領となったいまも、既存大手メディアとの対立は続いている。

このような権力者と既存大手メディアとの対立という構図は、アメリカだけではなく日本にも見られるものだ。第2次安倍政権発足後、政権は朝日新聞における慰安婦問題に関する吉田清治氏の虚偽証言の報道を厳しく批判し、朝日新聞と対立してきた。このような誤報が世界に誤った印象を植えつけ、日本の国益を損ねていると主張し、政権に近い他のメディアと一緒になって、朝日新聞バッシングを大展開したことは記憶に新しい。

いずれも当局にとって好意的ではないメディアを、「あのメディアはウソつきだ」というレッテル貼りをして攻撃するという手法である。このように現代の権力者たちのなかには、好意的ではないメディアは露骨に叩き、自分の思いどおりに報道をコントロールしようとするものがいる。

実際、トランプ大統領も安倍首相も、メディアをうまくコントロールしている。自身の敵と味方にメディアを明確に色分けし、味方には政権への取材、情報へのアクセスを容易にし、単独インタビューの機会や、スクープを供給するが、敵対するメディアには情報へのアクセスを制限するのだ。

こうしてメディアを手なずけようとするのだが、このように権力者たちがメディアに対して、これまで以上に強気に出られるようになったのも、これまで大手メディアが形づくってきた情報空間、言論空間とは別の、インターネット上の情報空間が確立してきたからともいえる。

アメリカで言えばそれは、オルト・ライト（Alt Right オルタナ右翼）と呼ばれる新しい右翼運動と、そこから発生してきたネットを中心としたオルト・メディアである。トランプ政権で大統領上級顧問を務めたスティーブ・バノン氏が経営するオンラインニュースサイト「ブライトバート」はその代表例であるが、このような正統なジャーナリズムとは違った、事実関係よりも自分たちの主張を、それを信奉する人たちに向けて喧伝《けんでん》することを目的としたメディアが乱立してきている。こういった新メディアが、トランプ大統領の誕生に一役買ったのだ。

日本においても「ネトウヨ」と表現される人々が増えてきており、ネット上の情報空間はより確立されてきている。彼らは自分たちと同様の主張、考え方を持つ人々とコミュニティをつくり、また、そのコミュニティは他の価値観のコミュニティとは交わらない閉鎖的な空間をつくっている。このような人々のなかに、歴史認識や国家観において安倍首相を支持している人が多いと言われている。

そういった個別のコミュニティにおいては、事実よりも自分たちが信じるストーリーこそが「真実」であり、自分と違う意見や考え方など聞かない、聞きたくないという人々が増えてきているのだ。

しかし、こういった傾向は、右派だけのことではなく、左派においても言える傾向だ。主にインテリ層、左派が読んでいるニューヨーク・タイムズで先ごろ、ある保守派の著名なコラムニストを採用したのだが、彼の原稿が掲載されるとすぐ、読者から「こんな意見はけしからん」という購買キャンセルの動きが出たのだ。

いまや、人々は自分の意見こそが真実であり、違う意見、考え方に対して、信じられないくらい許容能力が低くなっているようだ。

ネットを中心とした新メディアが多数出現し、そこではときにニュースサイトのような形式をとりながら、事実かどうかもわからない情報を、ある主張を広める目的で垂れ流している。また、そういった情報を受け止める側も、事実かどうかより、自分の好ましいストーリーに合っているかでそれを受容している。

このような「真実」自体が揺らぐ世界のなかで、いま、権力者たちとメディアとの関係が大きく変化しはじめている。権力者たちはいかにメディアと対立し、メディアをコントロールしようとしているのか。また、メディア側は、それにどのように対処しているのだろうか。そういった権力者とメディアとの新たな関係を追ったのが本書である。

ニューヨーク・タイムズ東京支局長を務め、これまで20年近く、日本でもジャーナリストとして活動してきた私の経験をもとに、日本とアメリカ、両国の報道、メディアの実情を、トランプ大統領と安倍首相という2人の権力者のメディア戦略とともに解き明かした。

また、メディアの現状に対する悲観的な話ばかりではなく、このような現状を打開しようと、上質なジャーナリズムを追求する新メディアの最新動向も紹介した。

この本が、私たち市民が、これからいかにメディアから情報を読み取り、事実を把握していけばよいのか、そのヒントとなれば幸いだ。

ニューヨーク・タイムズ前東京支局長　マーティン・ファクラー

権力者とメディアが対立する新時代◎目次

第2章 トランプと既存メディア、激化する闘いの真相

第3章 トランプ政治はどこへ向かうのか

第4章 安倍とトランプ、「メディアへの敵意」という共通点

第5章

メディアと権力者の未来はどうなるか

構成／石田英恒
校正／萩原企画

第1章

「フェイクニュース時代」のアメリカメディアの変質

大手メディアとの対立をあおることでトランプは大統領になった

アメリカ合衆国、ドナルド・トランプ第45代大統領の登場は、世界中のメディアに大きな驚きを与えるものだった。トランプ大統領の誕生には、さまざまな要因がある。アメリカ全体に広がったポピュリスト的な考えと、それを基にした草の根ナショナリズムがあり、そして、ポピュリズムをあおる新メディアの登場、またソーシャルメディアが大きな役割を果たした。

大手メディアは大統領候補のトランプ氏を批判しながらも、トランプ氏の存在を世の中に広めた。そういう意味では、大手メディアがトランプ大統領誕生に一定の役割を果たしたことも間違いない。

例えば、2016年の大統領選挙戦のときから、トランプ氏と、CNNやニューヨーク・タイムズなどの大手メディアとの対立がクローズアップされてきた。トランプ氏は、自身と対立する大手メディアに対し、「フェイクニュース」という言葉を使って非難を繰り返した。これに対し大手メディアも一丸となって、連日のようにトランプ氏への批判的な報道を続け、それに対してトランプ氏がまた反論するという構図が大統領選挙の期間中続いてきた。

その対立自体が面白く、視聴者や読者を釘づけにした。大手メディアはトランプ氏を批判しながらも、大統領予備選では、トランプ氏の集会場の様子をテレビ中継し、トランプ氏が現れるとクローズアップした。よくも悪くも特別扱いをしてきたのだ。

そしてトランプ支持者たちは、トランプ氏の「フェイクニュース」という言葉をソーシャルメディアで広め、トランプ氏と大手メディアの対立をあおっていった。

現在は、大手メディアの側は、ワシントン・ポスト、ニューヨーク・タイムズが主導権を取って、トランプ政権に対抗している。特にこの2紙は、競争するようにトランプ政権にとって望ましくないスクープや記事を連日のように紙面に掲載し、読者にとっては目が離せない刺激的な展開となっている。

現在、内部告発者からのさまざまな情報が、トランプ政権に確実にダメージを与え続けているのは確かなようだ。そのため、果たしてトランプ政権が、このままもつのかどうかという疑問も出はじめている。

ニューヨーク・タイムズ、ワシントン・ポスト2紙の折れない姿勢が、アメリカの新聞読者の支持を受けていることも間違いないところだ。例えば、ニューヨーク・タイムズのデジタル版有料購読者数は、過去最高の約220万人（2017年3月末現在）で、紙の新聞の購読者数を合わせると約300万人となっている。この300万人という数字は、デジタル版がなかった紙の時代も含めて、過去最高の購読者数である。現在は、ニクソン政権のウォーターゲート事件で政治報道が盛り上がったとき以来の、メディアのルネッサンスが訪れているという声もあるほどだ。「ポリティコ」や「プロパブリカ」といったネット新メディアによる、トランプ大統領に対する調査報道も行われている。

ウォーターゲート事件では、ディープ・スロートといわれたFBI幹部の内部告発者がいたことが知られている。ここ最近の一連のトランプ報道でも、複数のディープ・スロートが存在しているのだろう。トランプ大統領とロシア外相の非公式の会談内容が漏れ、スクープとなったりしている。トランプ大統領が、イスラエルのスパイから得たＩＳ（イスラム国）の情報をロシアの外務大臣に話してしまったというスクープだ。これなど、政権上層部の人物しか絶対に知り得ない情報であるが、そういった情報がメディアに次々と出てきているのだ。

これほどまでに内部のゴタゴタが表面化している政権を、私はこれまでに見たことがない。

自分に都合のいい「フェイクニュース」を発信し続けるサイトの実態

トランプ大統領は、ウォーターゲート事件で１９７４年に大統領を辞任したリチャード・ニクソン第37代大統領（任期１９６９〜１９７４年）と比較されることがよくある。

ニクソン大統領は、メディアを敵と味方にはっきりと色分けし、敵には一切話をしなかった。味方には政権への「アクセス権」（知る権利、取材する権利）を与えるが、敵には一切与えないという対応だ。

トランプ大統領がいま、大手メディアを「フェイクニュース」と非難して「アクセス権」を制限し、自らの熱烈な支持者である「ブライトバート（ブライトバート・ニュース・ネットワーク）」などには、政権への「アクセス権」を与えているのことと類似している。

一方で、相違点もある。ニクソン大統領時代と現代とでは、メディアを取り巻く状況が大きな変化を遂げている。現代はインターネットの発達とソーシャルメディアの登場で、それが一般市民の生活のなかに深く入り込んでいる時代だ。

トランプ大統領がツイッターで頻繁にツイートしていることはよく知られているが、トランプ大統領のツイッターフォロワー数は、約３７００万人（２０１７年８月末現在）となっている。ちなみに、オバマ前大統領のツイッターフォロワー数は、約９４００万人（２０１７年８月末現在）となっていて、トランプ大統領のフォロワー数は、オバマ前大統領と比較すると圧倒的に少ない。

だが、トランプ大統領のツイッターのつぶやきは、かなり過激なツイートがあることで、メディアやトランプ支持者、反トランプ陣営ともに大いに注目するツールとなっている。トランプ大統領が何か問題発言をするのではないかと、みな注目している。その意味で、トランプ大統領のツイートは大きな意味を持っているといえるのだろう。

しかし、トランプ大統領のツイッターもそうだが、フェイスブック、インスタグラム、ペリスコープ（ツイッターのライブ機能）、ユーチューブなどのSNS、またブログで発信される個人の意見は、ファクト（事実）に基づいてストーリーを組み立てるジャーナリズムとは本質的に異なるものだ。ジャーナリズムの基本は、自分の主張したいことが前もってあるのではなく、実際に何が起きているのかを自分で現場に行って取材し、情報を集め、できる限り公平性を担保して自らの政治信条の立場を超えて伝えていくものだ。

しかし、SNSやブログで発信される情報の基本は、自分の言いたいことが最初から決まっていて、それをただ発信するものが多い。そのため、自分の立場を正当化する、または強めるために、都合のいい情報ばかりを集めて伝える。最近では、ブログ自体がニュースのウェブサイトの形態になっていて、ニュースの形で文章を書いているものもある。

それらをよく見てみると、当然本格的な取材はしていないし、どこかから引用してきたものを羅列することで自分の意見を主張しているものがほとんどだ。一見、ニュースサイトのように見えて実は、記者などが所属している組織などではなく、たった1人の人間がラップトップパソコン（モバイル型パソコン）を使って書いている場合が多い。

自分たちにとって都合のいい材料を、それが真実であるかどうかにかかわらず収集し、都合のいいストーリーを組み立てているだけであって、それはジャーナリズムとは異質のものといえる。

新しい右翼の出現と、右派メディアの乱立

トランプ大統領を誕生させた一因には、オルト・ライト（Alt Right＝オルタナ右翼）と呼ばれる新しい右翼運動がある。オルトとは「オルターナティブ」の略で、「オルターナティブ」は日本語では「代わりになる、代わりの、新しい」という意味だ。つまりオルト・ライトは、主流の保守主義の代替といった意味を持つ。

これは新右翼の新しい動きで、白人男性にその考えを支持する人が多い。もともと、アメリカでは白人男性がこれまで優遇されてきたのに、現在は自分たちが社会から無視される存在となってきており、アメリカ社会が自分たちから離れ、望ましくない方向に向かっているという危機感と、それに対する怒りを感じている人々がその支持層である。

彼らは、自分の国を取り戻したいという、新しい形の右のポピュリズムに惹かれ、それを支持するようになった。トランプ大統領の言う「アメリカ・ファースト」という言葉に、オルト・ライトの信奉者たちは賛意を示している。

実はこの「アメリカ・ファースト」の考え方は新しいものではなく、先の大戦前にすでに存在していた伝統的な概念である。1930年代に初めて大西洋を飛行機で単独無着陸飛行したチャールズ・リンドバーグは、ヨーロッパの戦争にアメリカは参戦すべきではなく、孤立主義を守るべきとする「アメリカ・ファースト」を主張していた。当時、欧州でドイツが戦争を起こすのではないかとみられる世界情勢にあって、リンドバーグは、アメリカは自国の利益のみを考え、自国のみを守ればいいと考えたのである。

これは、現在のトランプ大統領の「アメリカ・ファースト」に通じる考え方である。実際トランプは、アメリカが自国の利益のみを考え、世界の紛争には関わらず、世界の警察官の役目も終えるという主旨の発言を大統領選挙のときからしていた。日本でも、トランプ大統領誕生前には、「アメリカ・ファースト」で日米安全保障条約が解消される方向に進んでいくのではないかと、安全保障上の危機を指摘する人もいた。

この背景としては、アメリカがイラク戦争やアフガニスタン戦争に参加し、米軍自身が少なからず人的被害を出してきたことが大きな要因として挙げられるだろう。基本的に現地に末端の兵士として投入される人たちは、社会の下層の人々である。その人たちが戦争でケガをしたり、亡くなったりしている。

その犠牲に対して、もうこれ以上の戦争参加は嫌だという思い、しかもそれがアメリカの直接的な利益につながらないとなれば、「アメリカ・ファースト」の考え方が広く一般民衆に広がったのも当然といえるだろう。

一方で、2017年8月12日には、アメリカのバージニア州シャーロッツビルで、オルト・ライトのグループのメンバーが主催した極右集会が開催され、白人至上主義者、ネオナチ、KKK（クー・クラックス・クラン＝白人至上主義団体の1つ）らが集まった。そして、集会参加者と集会反対派が激突。集会反対派のデモに極右集会側の車が突っ込み、1人が死亡するという痛ましい事件も起きている。トランプ大統領が、シャーロッツビルの事件のあとで、白人至上主義に対する明確な批判のメッセージを出さなかったため、アメリカで反トランプの動きがさらに広がることになった。

オルト・ライトは、白人至上主義、反フェミニズム、排外主義などと強く結びつくという特徴も持ち合わせているのだ。

こうした現在の時代背景のなかで、オルト・ライトの考えを信じる人々などが発信する「オルト・メディア」も次々と登場している。基本は、インターネットを中心に発信する新メディアである。

オルト・メディアのオルトも「オルターナティブ」のことで、直訳すれば「代わりのメディア、新しいメディア」といった意味だが、その言葉には、「アングラ的なメディア、怪しいメディア」といったニュアンスも含まれる。

オルト・メディアは、正統なジャーナリズムとは異質のものだ。正統なジャーナリズムではないが、何かを主張したいオルト・ライトの信奉者たちによる新しいメディアである。彼らのサイトが数多く生まれているのがここ最近の傾向であり、それも、トランプ大統領を誕生させる原動力の1つになった。

アメリカでは、インターネットやソーシャルメディアが登場する以前は、特にテレビに関しては、ほとんどの国民がCBSやNBCなどのネットワークで同じテレビ番組、同じニュース解説を見て、世界に対する同様の見方を共有していた。しかし、インターネットの発達やソーシャルメディアの登場によって、そこで全く違う見方、ストーリーがつくられるようになり、メディア空間、情報空間が多種多様になり、さまざまなリアリティーを持つ人びとが世の中に存在するようになってきた。

アメリカのメディア界は、いい意味でも悪い意味でも、ドラスティックな変革を遂げていった。一方で、日本は保守的な社会環境もあってか、メディアのドラスティックな変革は一向に進んでいないのが実態だ。

アメリカのメディア状況は、日本よりも5年、10年先を走っているといえる。アメリカではメディアの多様化により、政治的な立場も多様化し、それが国や社会の分断につながっているが、日本の場合はまだそこまでの分断は進んでいないという点で、逆に、まだ救いがあるといえるのかもしれない。

自称ジャーナリストという
オルト・メディア運営者の実態

　オルト・ライトを支持する人々の特徴は、リベラルに対して反感を持つだけではなく、従来の保守的な考え方に対しても批判的な考えを持っているという点だろう。

だからオルト・ライトに近い考えを持つドナルド・トランプ氏は、共和党にあって、非主流派の候補だったのだ。共和党のアウトサイダーでありながら、大統領予備選挙でも抜群の支持を得て、共和党の大統領候補となり、当初の予想を覆して民主党のヒラリー・クリントン候補を破ったのだから、これは歴史的勝利と言ってもいいだろう。

　従来の共和党の大統領は、グローバリゼーションを推進し、大企業の立場を重視し、国際協調を大事にして世界の警察官たるアメリカの立場を踏襲するのが一般的であった。そしてそのような大統領を支持する層が、伝統的な保守層ともいえる。しかしオルト・ライトは、それとは真逆の思想を持っているのだ。反グローバリズム、アンチ大企業で、アメリカは世界の警察官の役目を降りるべきだと考え、従来の右派とは全く違う意見を持っている。

彼らは、既存のメディアに対する不信感が強く、既存の大手メディアを「フェイクニュース」呼ばわりする傾向がある。既存メディアはウソつきで、フェイクニュースを垂れ流し、既存メディアの従業員は全員エリートだからエリートのためのプロパガンダを流していると主張する。

そしてオルト・ライトの支持者らは、ウェブサイトやブログ、SNSを使って「我々こそが真実を伝えている」と、自分たちの主張を展開するのである。といっても、彼らの発信自体がフェイクニュースであったり、プロパガンダそのものであったりすることは珍しくない。

例えば、先の大統領選挙の際に注目されたマイク・セルノビッチという人物をその例として挙げておきたい。彼のツイッターは約34万人のフォロワー（2017年

8月末現在）を持っていて、自らをフィルムメーカー、作家、そして記者と名乗っている。セルノビッチ氏は弁護士になるのを目指していたらしいが途中でそれをやめ、30代半ばころにブログを書きはじめ、本も出版している。

その当時のブログは、「デンジャー&プレイ」というタイトルの、女性をナンパするための内容で、現在の彼の発信する内容とは全く違う。当時の著書の題名は、「ゴリラ・マインドセット」というもので、男性はゴリラのように荒々しいマインドを持って強い男になるべきだという内容だ。

現在彼は、セルノビッチ・メディアという会社を経営し、彼自身がジャーナリストを名乗ってもいるのだが、セルノビッチ・メディアの記者を名乗って仕事をしているのはセルノビッチ氏1人であり、他に記者や従業員はいない。

自宅のリビングルームで、奥さんが運んできてくれたコーヒーを飲みながら、ラップトップパソコンを使ってブログを書いたり、ツイートをしたりしている「ブロガー&ツイッターユーザー」というのが彼の実際の姿なのである。メディアに所属する記者とは、全く違った存在といえる。

彼はツイッターやフェイスブックといったソーシャルメディアを使って、人を批判したり、攻撃したり、対立をあおることで注目を集め、人気を博していった。早い段階から「フェイクニュース」という言葉を使い、既存メディアへの激しい批判を毎日繰り返すことで、多くの支持者を得ていったのだ。

そんな彼が、アメリカ・ファーストを主張し、自分自身のことを、「アメリカのナショナリストだ」と語っている。「大手メディアが公平ならば、自分はピューリッツァー賞を受賞すべきジャーナリストである」とも自画自賛しているのだが、そんな彼に少し滑稽な印象を抱く人も少なくないだろう。

議論で勝つのではなく、人格攻撃で敵を貶める手法

セルノビッチ氏がこれほど注目を集めていった理由は、とにかくソーシャルメディアの扱いが巧みだったことだ。対立をあおる炎上商法と、もう1つ、「ミーム」の使い方に長けていたことが挙げられる。ミームとは、ストーリーやイメージを含んだごく短い語句、フレーズのことであり、例えば、ツイッター上のハッシュタグの短い語句などがミームに当たるものだ。

セルノビッチ氏が大統領選で注目したのは、ヒラリー・クリントン候補の健康状態についてだった。暑い気温のなかでの選挙戦で、ヒラリー・クリントンの足元がついふらふらっとした出来事があった。それを踏まえ、ヒラリー候補の重病説をこのミームを使って広めたのがセルノビッチ氏だった。

セルノビッチ氏は、「ヒラリー・クリントンは病気だ」というミームをつくり、彼女の足元がふらついた動画を投稿したり、「ヒラリー・クリントンは重病のパーキンソン病に冒されている」という、ウソの記事を書いたり、「＃ヒラリーズヘルス」というハッシュタグをつくったりした。最初はみんな無視していたが、繰り返し行うことで、ミームが草の根で広がっていく。最初は根拠のないことでも、火のないところに煙が立っていくのである。そういうことが非常に巧みな人物といっていい。

ウソの記事をニュース記事の形で書き、根拠のないミームがSNSで広まっていく。最初は、有識者が「これはフェイクニュースだ」と言っていても、それが流され続けることで、ウソと真実がごちゃ混ぜになっていく。これは事実ではないか、と人々に錯覚を起こさせる。そういう状況のなかで、一般の人が、何が正しくて、何が正しくないかを判別するのは困難なことである。実際にいまでもヒラリー・クリントンが重病だと信じている人は多く、日本でもヒラリー・クリントンのふらつきと重病説のミームを一緒に取り上げたニュース映像があったことから、本当にヒラリー候補が重病ではないかと思った方も多いのではないかと思う。しかし、それは根拠のないガセネタだったのだ。

また、その人に対する大衆のイメージがあまりよくない場合は、ミームによるウソのプロパガンダが効果を発揮しやすい。ビル・クリントン第42代大統領（1993~2001年）は、特に大統領を退いてから、大企業から多額の寄付金をもらっていて、腐敗しているというイメージがすでにあった。ヒラリー・クリントンには、夫のそのイメージが常に付いて回った。

「ヒラリー・クリントンは腐敗している。彼女は大企業をバックにしている。大手メディアも大企業である。大手メディアは彼女の病気を隠しているに違いない」という論法が通りやすい素地があったといえる。

セルノビッチ氏によると、「ソーシャルメディアを使って敵に勝つためには、ロジックを使ったり議論をしたりするのではなく、対象者の人格を攻撃する、ステータスを下げることが最も効果がある」という。つまり、個人的なプライベートな面を攻撃したり、あらぬ噂を流し、信用にたる人物ではないというレッテル張りをしてしまうことが、相手の主張を論理的に退けるより、ライバルを蹴落とすには一番効くということだ。

マイク・セルノビッチとは、こういうことを仕掛けるのが、天才的にうまい人物なのだ。こういう人物がオルト・ライトの側にいるのである。

トランプ大統領を支えるニュースサイト「ブライトバート」の持つ特異な思想

もう1つ、親トランプの新メディアとして有名なオルト・メディアが「ブライトバート・ニュース・ネットワーク（ブライトバート）」である。

ブライトバートは、オンラインニュースサイトのメディアで、2005年にニュースサイトとして設立された。そこに2007年、トランプ大統領の前上級顧問のスティーブ・バノン氏が入り、2012年には創業者のアンドリュー・ブライトバート氏が亡くなったことで、バノン氏が経営権を引き継ぎ指揮を執っている。

先の大統領選では、ドナルド・トランプ氏に対する好意的な報道から、トランプ陣営からのよりよいアクセス権を得たと言われている。スティーブン・バノン会長が、トランプ政権で大統領上級顧問を務めたことを見ても、トランプ大統領誕生によって、大きな波に乗った新メディアであることは間違いないだろう。

ブライトバートは自らをポピュリスト、ナショナリストと呼ぶ。その主張の特徴は、自由貿易反対、移民反対、アメリカの海外での戦争反対であり、完全にトランプ大統領を支持していることだ。ブライトバートのサイトの記事を読むと、そこには白人男性が自分たちの国の支配権を失いつつあるということ、女性やフェミニストやマイノリティーがアメリカを奪おうとしているという内容のものが多い。

リベラルに対する反発だけではなく、従来の右派勢力とも違う思想を持つ。従来の右派勢力のなかには、グローバリズムが進む世界のなかで、新自由主義的、ネオリベラル的な考えを持つ人々も増えているが、そういった人々とは一線を画している。そのため、共和党の主流派に対しても批判的なところが最大の特徴だろう。

スティーブン・バノン氏がよく言うのが、「ディープ・ステート」というフレーズである。このディープ・ステートとは、国家内国家のことを指す言葉で、その国の政府の指揮下にありながらも実質的に国家を支配している組織のことだ。ナチスドイツにおける親衛隊、ソビエト連邦のＫＧＢ（ソ連の諜報機関・秘密警察）などがその例として挙げられる。つまり、現在のアメリカにもディープ・ステートは存在し、アメリカの政府の下にある官僚機構やプロフェッショナルの政治家が実質的にアメリカを支配し、その姿は一般国民からは見えない。その力は、深い場所でうごめき、常に陰謀を画策しているという陰謀論である。そのディープ・ステートの一角を成すのが既存の大手メディアであり、彼らはディープ・ステートの陰謀を隠し、真実を伝えることはない。その隠された真実をブライトバートが伝えるというのが、バノン氏のよく言うストーリーである。

そこにあるのは、エリートたちが一般民衆をだましているという意識で、反エリート主義といえるものだ。

ＦＯＸから始まる保守メディアの隆盛と反エリート主義の高まり

なぜアメリカ社会に、反エリート主義が生まれてきたのだろうか？

そこには、メディアの歴史が大きく関わっている。アメリカのテレビは伝統的にリベラルであり、インターネットが一般に広がる前、１９８０年代、１９９０年代中ごろまで、アメリカの一般市民は全国的にみんながＣＢＳ、ＡＢＣ、ＮＢＣの３大ネットワークを見てきた。つまり市民はみな、同じ内容のテレビ、同じストーリーの報道を見てきたというわけだ。１９８０年にはケーブルニュースネットワークのＣＮＮが開局したが、ＣＮＮもリベラルであり、基本的には同じストーリーのなかで放送内容は展開されていた。

大きくメディアの環境が変化したのは、１９９６年のＦＯＸニュースの開局だった。ＦＯＸニュースは、伝統的にリベラルなテレビ業界の中で保守の放送局として、ケーブルテレビと衛星放送の加入者に向けて、元ニクソン大統領の広報スタッフの１人だったロジャー・アイレスによって開局され、司会者のビル・オライリーが人気を集めた。

ケーブルテレビネットワークとしては、ＣＮＮの後発局だったＦＯＸニュースだが、クリントン政権時（１９９３〜２００１年）には反クリントンの立場を取り、反リベラル、反エリートの主張が視聴者に受けてＣＮＮを追い抜き、２００１年の９・11テロをきっかけに一気にＣＮＮを引き離していった。２００８年の大統領選で共和党の副大統領候補となった、サラ・ペイリンを取り上げて注目させたのもＦＯＸだった。オバマ政権時（２００９〜２０１７年）には、オバマケアなどを打ち出す政府に対する保守派の抗議運動であるティーパーティー運動を支持し、ティーパーティー運動ではサラ・ペイリンも活躍した。

ＦＯＸの手法は、ＦＯＸの記者が現場に取材に行くというよりも、他からニュースを引っ張ってきてそこに評論、批評を加えて政治的な色をつけることを主としている。他社のニュースを引用し、自分たちなりの「スピン」を行う。スピンというのは、事件や出来事を特定の人や勢力に有利になるように情報操作することだ。自分たちの政治的な意見をつけ加えることで、1つのストーリーを組み立てていくのだ。それがFOXニュースのやり方で、私は一種のプロパガンダのようなものだと思っている。

FOXはフェイクニュースを発信するメディアではないが、まず現場に行かない。私も世界で約20年間、記者の仕事をしてきて、FOXニュースの記者と現場で会ったのは1回だけだった。

しかし、このFOXニュースが、保守メディアの新しい流れをつくったとはいえるだろう。

その後、2000年代に入ると、ブログが急速に広がり、ブロガーとしてウェブ上でだれもが自分の意見を自由に発信できるようになる。しかしブロガーは、広い情報の海のなかの孤島のように、1人1人が孤立しているような存在だった。それがソーシャルメディアの登場によって、1つの情報があっという間に広がり、その速度が速くなっていく。そこで登場したのが、前述したブライトバートなどのオルト・メディアだった。

ブライトバートなどのオルト・メディアは、反ＦＯＸである。ＦＯＸが支持しているのは、共和党の主流派、保守のメインストリームだ。そういった場にいる人々はエスタブリッシュメント、つまり支配階級に属するような人たちであり、オルト・メディアには、それらの人々を擁護したくないという主張がある。だから、オルト・メディアの関係者や支持者たちは、ＦＯＸニュースを批判する。そしてそれが、大統領選で共和党のアウトサイダーであるトランプ候補を、大統領にまで押し上げる原動力になったのである。

真実よりもフェイクニュースが人を動かす現代

インターネットの世界では、少し前のブログが流行《はや》った時代と、ソーシャルメディアが中心になっている現在とでは、明らかな違いがある。1つには情報の拡散の速さの違いがある。例えば、フェイスブックならば投稿がシェアされ、ツイッターならばツイートがリツイートされることで、情報が瞬間的に広がっていく。そのため情報が事実かどうかを確認する前に、フェイクニュースがあっという間に広がっていってしまう。

いまはさまざまな情報がネットの情報の海に存在し、何が真実かを判断することは困難だ。そのような状況で私たちを翻弄するのが、前述した「ミーム」である。「ヒラリーが病気だ」という一言ですべてを表す、短くてわかりやすいストーリーの「ミーム」は、情報の海のなかで印象に残りやすいのだ。

真面目なジャーナリストがしっかり取材して書いた長いストーリーは、情報の海のなかでみんなに忘れ去られてしまい、ウソか本当かわからないが印象に残りやすい「ミーム」が人々の頭のなかに残っていくのだ。

ネットではトロール（荒らし）と呼ばれる、ネット上で相手を攻撃する際に悪意のコメントなどを書き込む行為がある。自分が気に入らない相手に対し、ネット上で誹謗中傷を繰り返す。そこでは、事実を書く必要はない。デマもウソもつくり話も何でもありで、とにかく相手を傷つけることを目的に、悪意をまき散らすのだ。

逆に、意図的に荒らしを誘発させてマーケティングを行う、炎上マーケティングと言われる手法もある。ブログやＳＮＳへの非難が、収拾がつかなくなる「炎上」を意図的に引き起こすことで世間の注目を集め、知名度を上げたりすることだが、そういう手法の下では、対立をあおる、相手を攻撃することが求められるのだ。

そこで、威力を発揮するのがやはり「ミーム」だ。トロールでも、短くインパクトのあるミームを使うことで成功の可能性が高まるといえる。トロールで、相手の信頼性を攻撃する、相手の人格を攻撃する、特定の個人を攻撃するためには、「ミーム」が威力を発揮する。

例えば、オバマ前大統領に関しては、「オバマは悪だ」という最も単純なミームから、「オバマはアメリカで生まれていない。アメリカ人ではない」という有名なミームもあった。こういったミームを使って相手を攻撃し、既存のメディアがつくったストーリーとは異なる新しいストーリーをつくり、定着させ、自分たちの政治的な立場を強くし、政治的な発言力を強化しようという狙いなのである。

政治的に極端な考えを持った勢力、人々が、こうした手法を使う傾向が強い。彼らの目的の1つは、ジャーナリスト、ジャーナリズムの否定である。自分たちの主張にそぐわないジャーナリストの信用を落とすこと、ジャーナリズムそのものの信頼性を落とすことが目的なのだ。そのために、トロールという手法を用いて、ウソか本当かわからない悪意に満ちたミームをまき散らす。つまり、フェイクニュースをまき散らしているのである。

本来、こうしたフェイクニュースの防波堤の役目はジャーナリストにある。それら1つ1つについてファクトチェックし、本当に根拠があるのかをチェックしていかなければならない。ジャーナリストは、自分たちが現場に行って、調べて、根拠のある話だけを伝えていかなければならない。それをやっていかなければ、このフェイクニュースをまき散らす動きを止める人がいなくなってしまうのである。

普通の人がフェイクニュースを発信し、社会を動かす時代

ジャーナリズムがしっかりと取材し、調査をして、根拠のあるファクトを伝えるという本来の役目を行うことが希薄になったときに、ジャーナリズムは大衆の信頼を失う。

例えば日本では、3・11の原発事故のあとのジャーナリズムへの不信感があった。アメリカの場合は、イラク戦争（2003年）の前、メディアがブッシュ政権を批判できなかったことがトラウマになっている。

ブッシュ政権が主張していた、大量破壊兵器がイラクに存在するというウソを、アメリカのメディアは暴露できなかったのである。しっかりと取材をし、根拠のあるファクトを伝えるという、メディア本来の役目を果たすことができなかったのだ。

そこで真実の報道ができなかったことで、メディアへの信頼、信用は失われたのである。

しかも、ニューヨーク・タイムズの場合は、２つの誤報問題を起こしたことが決定的に不信感を持たれる結果になった。ジュディス・ミラーという女性記者が、当局のリークを受けて記事を書き続け、後日、大部分がウソだったと暴露されたのだ。また、若いジェイソン・ブレア記者が、イラク戦争前後のころ、他紙からの盗用記事、捏造記事、つくり話を繰り返して書いていたことが発覚し、ニューヨーク・タイムズへの信頼感は失墜した。

これらの不祥事があったことで、大手メディアへの信頼感が低下したことは間違いない。トランプ支持者たちは、このときに沸き上がった大手メディアへの不信感を、折に触れ持ち出し、現在も不信感をあおっているのだ。

もちろん、メディアの不祥事は近年になって起きるようになったものではない。昔も、イエロー・ジャーナリズムと呼ばれる捏造やつくり話が存在した。映画『市民ケーン』のモデルになった新聞王、ウィリアム・ランドルフ・ハーストは、自身の傘下の新聞を使って、キューバでのスペイン人の残虐行為などの捏造記事を報じ、スペイン人に対する民衆の敵対心をあおった。それが、結果的に1898年の米西戦争の引き金となった。フェイクニュースが戦争を引き起こしたのである。

昔は、こうしたフェイクニュースをつくり出すのは、既存メディアに属する人の専売特許だったが、ソーシャルメディアが発達した現在は、だれでもこうした行為ができる環境になった。ジャーナリストでなくても、だれもがフェイクニュースをつくり出すことができるというところが、昔といまの違いといえる。

現代のフェイクニュースの実例としては、テキサス州に住む、35歳のトランプ支持者、エリック・タッカー（Eric Tucker）氏のツイートが挙げられる。2016年11月9日、トランプ氏が大統領選で勝って大きな反対デモが起こりはじめたころのことだ。テキサス州オースティンで車を運転していたタッカー氏は、そこで大きなバスが何台も並んで止まっているのを見てそれをスマホで写真に撮り、ツイートをした。その内容は、反トランプのデモは草の根デモではなく、動員されたつくられたデモである。参加している人々はみんな雇われた人々で、ウソのデモであるというものだった。タッカー氏は、バスが並んで止まっているのを見ただけで、自分の想像でそう書いた。「＃フェイクプロテスツ」というハッシュタグもつくった。

もちろん、これはつくり話であり、バスが単に停車していただけのことだった。このツイートを見たテキサス州のＦＯＸニュース支局がバス会社に取材すると、当日はビジネスの大きな会議があり、そのビジネスマンを送迎するバスだったという。

しかし、このツイートが反響を呼び、翌10日までの１日で30万人以上が閲覧した。リツイートされたり、別の人のサイトで取り上げられたりして広がり、さらに多くの人々が閲覧することになった。

だが反響が大きくなり、メディアがタッカー氏に取材をするようになると、タッカー氏は怖くなったのか、ツイートを消去し、アカウントも消去した。そして、メディアの取材にも応じて、あのツイートはすべてつくり話であると正直に話したのである。

現在は、このように、普通の人々がフェイクニュースをつくり出すことができ、それが社会的に大きな影響を及ぼす時代になったのである。

差別的な投稿をする人間の人物像

だれでも人生について、多少なりとも不満はあるものだ。タッカー氏のように政治的な不満を持っている人だけではなく、人生に対する不満をぶつけるために、ソーシャルメディアを通して他人を攻撃する人もいる。不満を持っただれもが、過激な投稿ができ、他人を攻撃できるところにソーシャルメディアの怖さの一端がある。

第2次世界大戦のホロコースト（大量虐殺）のあとにできた組織で、ユダヤ人に対する差別をなくすことを目的にした、アンチ・ディファメーション・リーグ（ADL）という組織がある。このADLが、2015年8月から2016年7月の12カ月間のツイッターで、ユダヤ人に対する差別の内容を調べたデータがある。

それによると、ユダヤ人に対する差別的なツイートは約260万ツイートあった。

そして、260万ツイートの7割のツイート、約180万ツイートは、たった1600個のアカウントから発信されていたという。1つのアカウントから約1000の差別的なツイートがされていた。つまり、同じ団体、同じ人物が繰り返し差別的なツイートをしていることになる。

また、もともとの差別的な260万ツイートの8割が、10人のジャーナリストに対しての個人攻撃だったという。同じ敵を繰り返し攻撃しているのだ。

さらに、その1600のアカウントでどんなツイートがされていたかというと、すべてがトランプを支持する内容ばかりだったという。トランプ大統領は、それらの差別的なツイートを正しいと言っているわけではないが、否定もしてはいない。そのため、これらの差別的なツイートを許しているように見える点は問題といえる。

ヒーローとヒールの2者が争うわかりやすいストーリーを立てて大衆を扇動する手法は、19世紀の新聞王、ウィリアム・ランドルフ・ハーストから、現代のブライトバートのスティーブ・バノン氏まで続いているものだ。ただ、変化したのは、ジャーナリストではない一般の人々がそこに参加できるようになったことだ。

大手メディアに依らない情報空間がトランプ大統領を生んだ

先の大統領選挙では、既存の大手メディアはみなヒラリー・クリントンが勝つと信じて疑わなかった。そして、既存の大手メディアは予想を外した。実は、トランプ候補が選挙において優勢であったことを読み取れなかったのだ。

ヒラリー・クリントンが強い、勝つと思い込み、取材を怠った。大手メディアの本社がある大都市で専門家の話を聞くだけで満足し、アメリカの内陸部の奥に入って、有権者がどう思っているのかを取材する意欲が欠けていたのだ。海岸に位置する大都市は、民主党が強い場所であり、そこで取材しているだけでは予測を間違えるのも当然といえる。

大手メディアは予想を外したことで、読者や視聴者の信頼を失い、自分たちの立場を弱くした。それも、自分たちの慢心によってである。

ＳＮＳの世界などで、同じ意見を持っている者同士が交流して共鳴しあうことで、考え方が増幅され、誤情報が伝わりやすい状況になることを「エコーチェンバー現象」というが、これがメディアのなかで起きたともいえる。メディアみんなが、ヒラリー・クリントン有利と言い合うことによって、ヒラリー・クリントンが必ず勝つという確信に変わってしまった面がある。

また、世論調査もヒラリー有利と出ていたが、それも予測を外した。世論調査で難しいのは、世論調査に応じても、実際に選挙には行かない人々がいることだ。世論調査の結果と、投票に行かなかった人の割合を示した過去のデータ、前例を基にした予想が立てられたが、それが外れたのだ。理由は、今回の選挙では、普段なら投票しない人々が多く投票したからだ。ＦＯＸニュースの世論調査もヒラリー・クリントンが勝つと予想していた。前例に基づいた予想をしたことで、右も左もすべてのメディアが間違えたのである。

今回の失敗の最大の要因は、メディアが自分たちを過信しすぎてしまったことだろう。大手メディアは、自分たちが伝えているストーリーが全国的に力を持っていると信じていた。しかし、ソーシャルメディアによって、大手メディアを見ない、読まない人々が、大手メディアが考えている以上に増えていたのだ。その人たちは、大手メディアのつくるストーリーのなかではなく、自分たちがそうあったらいいと望むストーリーのなかを、同じような考えの人々とだけつながりあって、外とは切り離された世界のなかで生きている。

そのようなそれぞれの「真実」を信じる空間が、アメリカにはいくつも出現しはじめているのだ。このことを既存メディアも、ある程度はわかっていたかもしれないが、まさかトランプ大統領を登場させるほど社会に広がっているとはわからなかったのだ。

トランプ大統領の誕生は、ソーシャルメディアの登場による情報世界の多様化、大手メディアの相対的な弱体化などによる社会の分断がもたらしたものと言っていいだろう。

第２章

トランプと既存メディア、激化する闘いの真相

大手メディア対オルト・メディアの対立軸

アメリカでは、大手メディアのことをメインストリーム・メディア（MSM）という。「メインストリーム＝主流」のメディアという意味である。日本では大手メディアと呼ぶが、基本的には同じ意味と理解していいだろう。

MSMは、以前は既存メディアと同じ意味にもとらえられていた。だが、最近のアメリカでは、インターネットを使って報道を行う新メディアのなかにも、しっかりと取材して報道する本格志向のメディアも現れてきており、それらもMSMの一員として認めるという状況になっている。

新メディアでも、ニューヨーク・タイムズやワシントン・ポストと同じようなMSMのジャーナリズムとして評価される土壌ができているのだ。MSMの一員として評価されている新メディアが、「ポリティコ」、「プロパブリカ」、「バズフィード」

などで、どれも本格的なジャーナリズムを志向しているメディアだ。

ちなみに、私はＭＳＭの報道の全てがいいと言っているわけでは決してない。ＭＳＭのなかにも、ジャーナリズムを真面目にやろうとしているところと、そうでもないところがあるのは事実だ。そのため、読者のほうが自分の目で、報道機関の選別をする必要がある。

また、個人のジャーナリストにおいても、それぞれ個々に差がある。ジャーナリストたちも、大学教授や医師、弁護士など他の職業と同じように、優れた技術を持つ人とそうでもない人がいるのだ。アメリカは日本とは違い、メディアのほとんどが記者の名前をバイライン（byline）として記事に記載する習慣があるので、どの記者がどの記事を書いたかはすぐにわかる。私はニュースを読むとき、新聞を選ぶだけではなく、バイラインをしっかりと見て、信頼することができ、取材力や文章力の優れた記者の記事を選んで読むことが多い。これは、アメリカの新聞やニュースサイトを読む際の、秘訣の１つといえるだろう。

ＭＳＭの概念に当てはまらない新メディアが、現在、いくつも誕生してきているが、第1章で紹介したオルト・メディアは、間違いなく、いまもっとも注目されている新メディアである。前述した「ブライトバート」はその代表的な新メディアだろう。そして、MSM対オルト・メディアという対立構図が現在のアメリカにはできている。

ブライトバートは、「MSM（主流メディア）と闘う」と自分たちでも主張しているので、ある意味、自分たちがオルト・メディアの一員であると自覚しているともいえる。また、トランプ大統領もこのMSMとの闘いを志向しているので、トランプ大統領自身がオルト・メディア側に立っているということもできる。

トランプ氏と大手メディアとの対立で象徴的だったのは、トランプ氏が当選後に、次期大統領として最初に行った記者会見（2017年1月11日）だ。トランプ氏はCNNの記者に対して、「あなたの組織は最悪である。あなたたちはフェイクニュースだ」と言い放ったのだ。CNNの記者が「質問をさせてください」と言っても、トランプ氏は「Quiet（静かに）」という言葉を繰り返した。「次期大統領、そのような発言は適切ではない。質問をさせてください」とCNNの記者も食い下がったが、結局、トランプ氏への質問はできないまま会見は終了してしまった。

世界最大級のエンターテインメント＆ニュースサイトに成長したＭＳＭの一員、バズフィードとも、トランプ大統領は対立している。「バズフィードはゴミの山」と言ってみたり、ニューヨーク・タイムズに対しては、「倒産しそうなニューヨーク・タイムズ」などと、ツイートなどで揶揄《やゆ》している。

大統領になる前から始まっているＭＳＭとの闘いは、大統領になってからも、より激しさを増しており、今後もこの対立は継続していくものと思われる。

対立しているように見えて、実はメディア操作に長けたトランプ

トランプ大統領は1980年代から有名人で、メディアを利用したり、操作したりすることに長けた人物といえる。メディアを批判はするが、一方で利用し、依存している面がある。

2016年の大統領選でもそうで、常に大手メディア＝MSMをバッシングしながら対立をあおり、自分の得票につなげていた。メディアの報道がなかったら、トランプ氏は大統領にはなれなかったに違いない。トランプ氏はメディアを批判しながらも、普通の政治家なら言わないような過激なことや、大衆が面白がることを発言するので、メディアも注目して盛んに取り上げた。その報道が、有権者たちのなかに、トランプ人気の火をつけたのだ。

メディアを批判はするが、自身にとってのメディアの必要性もわかっているので、批判しながらもメディアのなかの人たちとは意外にも友好的なつき合いをしていたりする一面もある。

トランプ氏は2004年から2010年までの間、NBCのリアリティー番組『アプレンティス』のホスト役を務め、とても人気を博していた。このような経験を経て、メディアが何をすれば喜ぶか、メディアをどうすればコントロールできるのかを学んだのである。メディア側もトランプ氏を批判しながらも、結局は彼の術中にはまり、コントロールされていたという部分があったことは確かだ。

ホワイトハウスのスタッフに話を聞くと、トランプ大統領は、時間があればCNNを見て、毎日ニューヨーク・タイムズを読んでいるという。ニューヨーク・タイムズにトランプ大統領に批判的な記事が出たときは、必ずそれに対するツイートが出る。つまり、しっかり読んでいるということだ。「つぶれそうなニューヨーク・タイムズ」と揶揄しながらも、愛読者の1人であることも間違いないのだ。

トランプ大統領のパフォーマンスのうまさは、敵をつくり出すことによって成り立っている。自分のストーリーを伝えるために、自分がヒーローとなって、ヒールと闘うわかりやすい構図をつくるのである。2016年大統領選挙での最大のヒールは、ヒラリー・クリントン氏だった。そしてワシントンD.C.の既得権層、メディア＝MSMである。

トランプ氏のこの戦略が成功したのは、特に保守的な一般大衆のなかでメディアに対する不信感が強くなっていたことが挙げられる。1996年に開局したFOXニュースが約20年間リベラルメディアを批判する役目を担ってきたが、それは大衆のうっ憤を晴らすまでには至らなかった。メディアに対する保守派の不信感は限界までたまっていた。そうしたうっ積した不満を候補者のトランプ氏がうまく利用したのだ。「メディアは敵だ」という短いミームを効果的に使い、大統領選を成功に導いたといえる。

選挙のときのメディアバッシングは、選挙戦が進むにつれて徐々に強烈な言い方になっていった。メディアバッシングは、支持者との意思疎通を図る鉄板のネタだった。例えば、集会で支持者に向けて、「あなたたちが信頼していないメディアを、私も信頼していない」とアピールすると、支持者らは歓声で応える。トランプ氏のスキャンダルが報じられ、批判的な記事が出たときには、そのメディアそのもの、または報じた記者を批判して支持者の賛意を得ることで、スキャンダルや問題から支持者の目をそらしてしまうのである。

そうした発言によって、対立は徐々に先鋭化していくが、対立自体が悪いことではないこともトランプ氏は理解していた。特にネット上では、対立はむしろいいことなのだ。対立することで、世間の注目を集めることができる。みんなが面白がって、その対立を見たいと思い、実際に見る。だから対立を避けるのではなく、むしろ自ら求めていくスタンスを彼はとった。もし対立があってトランプ氏がそれについて発言しなかったら、相手側の言葉でその対立のイメージが形づくられていってしまうが、彼は必ず反撃をすることで、自らの言葉で、自分の思い描くストーリーを社会に形づくっていったのだ。

平気でウソをつく大統領の出現

メディア＝ＭＳＭ側からすると、トランプ氏が大統領を目指し、実際に大統領になり、最初はどうすればいいかわからなかったというのが正直なところだった。どう取材すればいいか、どういう報道をすればいいか、みんなが迷っていた。それは、ここまでウソをつく大統領候補、大統領が過去にいなかったからだ。しかし、大統領候補や大統領を「ウソつき」と呼ぶのは、アメリカのメディアでもやはり遠慮、躊躇があり、そう簡単に言うことも当初はできなかった。

その遠慮、躊躇を最初に破ったのがニューヨーク・タイムズで、２０１６年９月の、大統領選挙期間中のことだった。トランプ氏は、オバマ大統領のことを「米国籍を持っていないのではないか」と疑問を呈する「バーサー（Ｂｉｒｔｈｅｒ）運動」を何年もの間、行ってきていた。そして大統領選挙中も、「オバマ大統領は本当にアメリカ人なのか」といった発言を繰り返してきた。

もちろんこのバーサー運動は全く根拠のないもので、オバマ大統領は正真正銘のアメリカ人でアメリカ生まれだ。こうしたウソを繰り返すトランプ氏に対して、ニューヨーク・タイムズはついに、「トランプ氏はウソをついている」という記事を書いた。もちろん、それに対してトランプ氏も反応し、「ニューヨーク・タイムズはウソつきだ」と反撃してきた。

ニューヨーク・タイムズのディーン・バケ編集主幹（編集長）によると、新聞のなかでトランプ氏を「ｌｉａｒ（ウソつき）」と表現することについては、さまざまな議論があったという。「ｌｉａｒ」というのは、日本人が「ウソつき」という言葉に対していだく感覚よりも、英語圏の人々にとってはかなり強い表現である。そのため、大統領候補に対してそのような言葉を使うのは不適切ではないかという意見もあったという。たまたまトランプ氏が事実を誤認していたり、思い違いをしていて、結果的にウソをついているのかもしれないという見方もできなくはなかったが、彼の話を聞けば聞くほど、トランプ氏自身がウソをついているという自覚が完全にあって、それを繰り返し言い続けていることがはっきりしてきたこともあり、「ｌｉａｒ」という表現を新聞で使うことにしたという。

ニューヨーク・タイムズでは、トランプ氏が大統領選挙で勝利したあとの２０１6年12月10日、「トランプ時代の真実とウソ」と題した社説を掲載した。そのなかで、大統領があまりにも堂々とウソをつくので、多くの国民が、何が真実で何がウソかわからなくなっていると指摘している。ニューヨーク・タイムズが「ウソつき」という表現を使ったあとに、ワシントン・ポストやポリティコなども、トランプ大統領に対して、「ウソつき」や「ウソ」という表現を使うようになっていったのである。

２０１7年1月20日の大統領就任式の翌日の記者会見で、ショーン・スパイサー報道官が、「就任式は、史上最大の観衆だった」と表現したが、メディア各社が集計した人数は推定25万人であった。これに対し、トランプ大統領は１５０万人ぐらいいたように見えたとしている。しかし、上空から撮られた写真を見れば一目瞭然、観衆は少なかったことがわかる。それでも、トランプ大統領は自説を曲げない。このようにトランプ大統領は、何かにつけてウソを言うクセがあるのだ。

ケリーアン・コンウェイ大統領顧問は、テレビ出演の際、インタビュアーに「大統領就任式の観衆は、史上最大ではないのでは？」と突っ込まれて、「オルタナティブ・ファクト」と冗談交じりで答えた。「オルタナティブ・ファクト」とは、「もう1つの事実」といった意味である。つまり、事実ではないということを暗に認めたのだ。

このようにトランプ大統領は、ウソを言うことに対して何とも思わない、サイコパス的なキャラクターと言われることまである。アメリカの大統領史上かつて存在しなかった、破天荒なキャラクターの持ち主なのは間違いない。

主流メディアの信頼を地に落とした バズフィードの報道

ニューヨーク・タイムズがトランプ大統領のことを「liar」と批判したあと、次々とメディア側の反撃が始まった。

その1つが、ロシア絡みのスキャンダルで、2017年1月、CNNが、ロシア当局がトランプ氏個人を恐喝できるような情報をつかんでいると報じたことだ。

また、新メディアのバズフィードは、イギリスの元スパイという人物が、フリーランスとしてだれかに頼まれて作成したトランプ氏の私生活などに関する報告書をほぼ全文掲載した。そこには、トランプ氏がモスクワで娼婦を買ったというプライベートな性的行為に関する描写もなされていた。つまりロシア側が、この報告書をもって、トランプ氏を恐喝しているかもしれないと推測されたのだ。

しかし、この報告書が正しいという根拠が取れなかったため、ニューヨーク・タイムズをはじめ、各メディアは報告書の内容を報道しなかった。にもかかわらずバズフィードだけが、報告書をそのままウェブ上に載せた。バズフィードは、この報告書を裏づける証拠がないと明確に認めたが、そのまま発信した理由については、判断を読者に丸投げするためだったとした。

バズフィードは新メディアだが、ＭＳＭの一員としても評価されていた本格志向のメディアである。そのためバズフィードによる、この裏づけされていない報告書の掲載は、議論を巻き起こすこととなった。

トランプ大統領の常套手段は、批判をされると、その相手に同じ批判を投げかけるというものだ。例えば、ＭＳＭの側から「トランプ大統領はレイシストだ」という批判がされると、何かの理由をつけて、「いや、あなたのほうこそレイシストだ」と反論するという手法だ。

実際にトランプ大統領は、「バズフィードはフェイクニュースだ」という言い方で、バズフィード、さらには自分のことをこれまで「ウソつき」と批判してきたＭ

SM全体に対して反撃を行った。

もし、この報告書がウソであることが証明された場合、「バズフィードはフェイクニュースだ。そして、MSMはフェイクニュースを垂れ流す」というトランプ大統領の攻撃が、力強い説得力を持つことになるだろう。今回のバズフィードの件を利用して、「やはり、MSMはみなフェイクニュースだ」という言い方で、トランプ大統領とトランプ支持者は、大手メディアの信用を落とす作戦を展開した。

バズフィードが裏づけのない情報を流したことで、トランプ大統領にMSM全体を否定する口実を与えてしまったと見る向きもあるが、私もこの一件を振り返ってみて、やはりバズフィードの大きなミスだったと思っている。裏の取れない情報をウェブ上で公開したことで、トランプ大統領にMSMの信頼性を否定する格好の材料を与えてしまったのだ。

ジャーナリズムの分裂を狙うトランプ大統領

メディアを分断させようというのが、トランプ大統領のメディア戦略でもある。つまり、自身を批判するメディアをフェイクニュースと呼び、支持するメディアをよいメディア、真実を伝えるメディアと持ち上げる。メディアを2つに色分けし、分断、対立させようというものだ。

トランプ大統領のこの狙いは、MSM対オルト・メディアという観点からは、分断、対立があるから成功したといえるだろう。しかし、その分裂がジャーナリズムそのものを破壊しているか、または弱体化させているかというと、そうではない。肝心なMSM内などの正統なジャーナリスト同士の対立ということには全くなっていないからである。

アメリカのジャーナリズムは横のつながりが強く、政治的な立場は違っていたとしても、同じジャーナリスト同士という一体感があり、いざというときにはお互いにサポートしあう意識が強い。

例えば、CNNの記者がホワイトハウスの報道長官からフェイクニュースだと言われたとき、普段CNNを批判しているFOXニュースのホワイトハウスの記者を含めて他の現場の記者たちが、CNNの記者の側に立って記者として共有している立場を守るということがある。

トランプ政権では、記者会見などの場に、政府側が好ましくないと判断したメディアの入場を制限したこともあったが、そういったときも、入場が許可されているメディアが抜け駆けして取材するのではなく、そういったメディアも含めてすべてのメディアが政府の取材規制に抗議して、取材自体をボイコットしたこともあった。

例えば日本では、東京新聞の記者がそのような目に遭ったとき、産経新聞の記者が「東京新聞にも取材する権利があるはずだ」と助けることなど、まずあり得ないだろう。

かつて朝日新聞が「記事ねつ造」で政権からバッシングされたときも、朝日以外の新聞は、政権による報道機関への介入に警戒するよりも、朝日新聞を一緒になって叩くことに注力していた。まさに、ライバルを蹴落とす好機とみて、バッシングしているように私には見えた。報道機関同士の連帯感、ジャーナリズムに対する職業観という点では、日本とアメリカでは、ずいぶん事情が違っているのだろう。

アメリカでは当たり前のメディアでの政権風刺

トランプ政権の初期に、メディア関係者に注目された1人が、ショーン・スパイサー前報道官だった。メディアを完全に敵扱いし、記者を馬鹿にしたり、脅したりしたことでも有名な人物だった。

大統領就任式に集まった群衆の数を「史上最大の人数だった」と語った報道官としての最初の記者会見は、就任式翌日の2017年1月21日だった。そのホワイトハウスでの最初の記者会見の時間は、わずか5分30秒。通常は1時間、少なくとも30分は取るのが報道官の会見の時間だ。おまけに質問を1つも受けないという傲岸不遜もすごかった。

一部でマニアックな人気も博し、スパイサー報道官が記者を馬鹿にしたり怒ったりしている動画がユーチューブなどに上げられている。トランプの支持者たちは、ユーチューブや他のSNSで、「スパイサー頑張れ」といった動画や応援コメントを投稿したりした。

一方で、メディアや反トランプ陣営からは、そんなスパイサー氏を批判的に報じたり、その強権ぶりを風刺する動きがみられた。

そのような動きのなかで話題となったのが、NBCがネットワーク放送している『サタデー・ナイト・ライブ』という人気テレビ番組内での風刺だ。『サタデー・ナイト・ライブ』は、1975年から続いているコメディーバラエティー番組で、政治のパロディや風刺的な内容も多く、日本ではあまり見られないようなバラエティー番組となっている。

そこでスパイサー報道官を演じているのが、映画『ゴーストバスターズ』（2016年）に出演した女優のメリッサ・マッカッシーだ。これが本当に上手で、視聴者の笑いを誘い、大人気を博しているのだ。ドナルド・トランプ大統領は、俳優のアレック・ボールドウィンが演じ、スティーブン・バノン氏を演じているのがコメディアン・女優のロージー・オドネルで、どちらもそっくりと評判だ。

このトランプ大統領と周囲の人たちへの風刺は、本当によくできていて、アメリカで大評判になっている。ユーチューブなどで検索していただけると見ることができるので、ぜひ一度見ていただければと思う。

アメリカ社会には、政治に対する批判精神が根づいていて、こうした風刺のほうが新聞の政治報道より、大統領など権力者の本当の姿をありのまま見せていることもある。しかし日本のテレビでは、こうした政治風刺は非常に少ない。文化の違いもあるが、テレビ局や広告代理店が、政治的な内容を避けたがるという理由もあるのだろう。ここはテレビを見ていても、アメリカと日本の大きな違いといえるだろう。

ファクトよりもストーリーを重視する時代

紙の時代から映像の時代、そしてネットの時代になり、だれもが情報を発信できるようになり、さまざまな情報の山が押し寄せてくるようになった。あふれる情報に、読者や視聴者は、何を信じていいかわからなくなっているのが現代といえる。

アメリカのある世論調査では、18~24歳で紙かネットで新聞を読んでいる人が、2000年は42%、2017年は17%となっている。アメリカでも若者の新聞離れが進んでいる。

アメリカの世論調査会社、ギャロップの2016年の調査によると、メディアを信頼しているかについて、「はい」は、1976年は76%、1997年は53%、2016年は32%と徐々に減っている。世論調査の結果からは、新聞を読まなくなり、メディアへの信頼も低下していることがうかがえる。ちなみに１９７６年というのは、ウォーターゲート事件の直後だったので、アメリカのジャーナリズムの黄金時代と言っても過言ではないだろう。

そのギャロップの調査に、もう1つ興味深い結果がある。メディアを信頼しているかと聞くと、「はい」は、２０１６年は、民主党支持者の51％に対して、共和党支持者はわずか14％だった。つまり、アメリカ社会のいまの政治的な分裂が、メディアに対する見方にも明確に表れている。

90年代中盤にＦＯＸニュースが開局してから、ＦＯＸがリベラル系の他の大手メディアを批判するようになったことを契機に、保守サイドから、リベラル側のニュースはすべてフェイクだと信用を落とそうとする動きが出てきた。そして徐々に、普通の保守系の人々も含め右寄りの人たちのなかで、自分たちと違う意見は聞きたくない、見たくないと拒絶するような人々が増えていった。いまや「フェイクニュース」とは、「ウソのニュース」という意味ではなく、自分たちと同じ考えを伝えていないものがフェイクニュースだという状況になってしまっている。

さらに、２０１２年に亡くなったブライトバート・ニュース・ネットワーク設立者のアンドリュー・ブライトバート氏は、ブライトバート設立の際に次のように語っていた。

「左右の闘いという側面においては、どちらが公的なストーリーをコントロールできているかどうかが大事だ。いま、リベラル側が勝っているのは、リベラル側がストーリーを支配しているからだ。この新しいブライトバートという報道機関によって、既存メディアと闘い、勝って、ストーリーを支配しなければならない」

ジャーナリストの仕事とは、何がウソか真実かを判断し、ファクト（事実）を集めて１つのストーリーをつくり出すことだった。ところがＦＯＸニュースやブライトバートの登場によって、ファクトよりもストーリーのほうが重視されるようになったのだ。彼らには主張したいストーリーがあって、それを流布するために都合のいい「ファクト」を集め、人々の考え方、ものの見方を自分たちの思いどおりにしようとした。

同時に、彼らはＭＳＭに対しても同じ批判をする。つまり、ＭＳＭというのは主張したいリベラルのストーリーがあって、そのために都合のいい「ファクト」を集め、人々の考え方、ものの見方を自分たちの思いどおりにしようとしているというのだ。

いまや、特に普通の人々にとって、どちらが正しいのか、どちらがフェイクなのかがわからない、真実そのものが相対化されているポスト・トゥルース時代になってしまったのである。

そもそも、何がファクト（事実）で、何がフェイク（ウソ）かを判断するのは、メディアのこれまでの役割でもある。メディアには、言説の真偽を検証するファクトチェッカーの役目、どの情報を流すかを選別するゲートキーパーの役目という重要な役目がある。しかし、ストーリー重視の現在の報道姿勢は、この２つの役目を軽んじる傾向を強めている。

この情報は事実だろうか、この情報を報道していいのだろうか、という情報発信側の責任は、メディアには欠かせないものであるにもかかわらず、ないがしろにされる傾向が強まってきているのだ。

主要メディアが締め出される会見場の実態

ホワイトハウスの記者会見場は、会見する報道官と向かい合って記者席が７席×７列で全49席ある。一番前にはＡＰ通信、イギリスのロイター通信、ＡＢＣ、ＮＢＣ、ＣＢＳ、ＣＮＮ、ＦＯＸニュースの７社の記者が座っている。２列目には、ニューヨーク・タイムズ、ワシントン・ポスト、ウォール・ストリート・ジャーナル、ブルームバーグなど、他の大きなメディアの記者席もある。中列には、ポリティコなどＭＳＭの新メディアの席があり、再後列には、ＢＢＣ、フィナンシャル・タイムズなど海外メディアの席がある。

周囲には席がない多くの記者が立って取材している。これらの人たちは、席がないから浮かぶという意味で、「フローター」と呼ばれている。そこには、新メディアやオルト・メディアが多く陣取っている。フローターには、親トランプの新メディア、オルト・メディアを入れているので、いま、記者会見場は人でごった返している状態だ。

例えば、ブライトバートはもちろんだが、ワンアメリカ・ニュースネットワーク、Life Zette、Townhill、The Daily Callerなど、初めて名前を聞くような社名が並ぶ。そのほかにも、infowars.com（ラジオ番組ホスト、アレックス・ジョーンズのサイト）やブロガーたちも入っている。しかし、新しいフローターたちは、ほとんどが30歳未満で、経験が全くない。記者でもないので、何の訓練も受けていない。質問も簡単な、「どうやってアメリカを再生しますか?」など、素人のような質問が多いそうである。

トランプ大統領以前は、慣習があって、最初は必ずAP通信が質問に立った。その後には主要メディア各社が質問し、最後に小規模のメディアが質問するといったように、メディア間に暗黙の了解があった。しかし、トランプ政権でショーン・スパイサー報道官は、AP通信や主要メディアを無視し、初めてホワイトハウスの会見場に来たフローターたちに最初に質問をさせ、大手メディアには質問させないこともあった。会見時間も、以前は1時間くらいはあったが、30分で打ち切ってしまうという乱暴な運営をするようになった。

さらにスカイプを導入し、テレビ画面を設置して、地方のブロガーらをホワイトハウスの記者会見に参加させた。しかし彼らは、自分のブログを更新するために、わけのわからないことを質問するものも多く、時間を無駄に使わせているとしか思えないものだった。ホワイトハウスの記者会見が既得権益である大手メディアから解放され、よりオープンになったというのがトランプ政権の建前だが、本音はたぶん、そうやってMSMのプロの記者たちの質問を封じるという作戦だろう。

AP通信も他の主要メディアも聞きたいことがあるので手を挙げる。しかし、報道官はそれを無視して、新しいフローターたちにばかり質問をさせる。そして、大手メディアの記者たちをピエロのように扱い、笑いものにしているのだ。

日本のメディアには懇談という慣習がある。外務省や財務省が記者クラブの主要メンバーを懇談に呼び、リーク情報を与えたりするために行うものだ。これは、ホワイトハウスにも同じようなオフレコの記者会見があり、ブリーフィングと呼ばれる。しかし、最近では、CNNやニューヨーク・タイムズ、ポリティコなどの主要メディアの記者が、さっぱりブリーフィングに呼ばれなくなったケースもある。呼ばれているのは、ブライトバートなど親トランプのオルト・メディア関係者ばかりという。ニューヨーク・タイムズの記者がそこに入ろうとしても、拒否されるというのだ。

トランプ政権は、ホワイトハウスの記者会見をいままでと違う形で行うことによって、自分に批判的なMSMのメディアを締め出し、報道内容を自身のコントロール下に置こうとしているのだ。

トランプに追い詰められ、逆に復活した大手メディア

トランプ政権の嫌がらせや締め出しを受けているMSMだが、反撃も始まっている。十分な政権へのアクセス権を与えられなくなったいま、ジャーナリズムの原点に戻っていくという動きが始まっている。いま、彼らはジャーナリズムの原点、調査報道に戻りつつある。

アメリカではジャーナリストの人数が減ってきており、20年前は約5万5000人だったが、現在は約3万3000人となっている。ジャーナリズムは斜陽産業と指摘する声も増えている。

しかし一方でいま、ジャーナリズムの輝かしい時代がスタートしたのではないかと指摘する人もいる。アクセス権を奪われたMSMが調査報道を以前よりも活発に

行うようになり、政権内部の問題点をあぶり出し、政権が望まないようなスクープが連発されるようになったのだ。このような状況は、ニクソン政権のウォーターゲート事件以来で、ジャーナリズムの黄金時代とまでは言わないとしても、ジャーナリズムがとても活発な時代になってきたということはいえる。

例えばワシントン・ポストは、経営的に苦しい時期もあったが、最近は経営状況も改善してきている。2013年にはアマゾン・ドット・コムの創業者、ジェフ・ベゾス氏に2億5000万ドルで買収されたが、ベゾス氏が資金を投入して、記者や編集者を増やし、ネットビジネスへの先行投資を行うことで、2017年4月時点で、ワシントン・ポストウェブサイトは、1カ月に約7900万人が閲覧しており、ページビューでは約8億1100万にまで拡大してきている。

ワシントン・ポストは非上場企業なので情報は開示されていないが、トランプ政権の誕生以降、さらに経営状況はよくなってきていると思われる。1~3月の第1四半期は、ネット上の有料購読者も数十万人単位で増えているとみられている。1カ月約10ドルの読者が数十万人増えていることで、経営にもかなりプラスになっているはずだ。

ニューヨーク・タイムズも業績はよくなってきている。２０１７年１〜３月の第１四半期には、デジタル版の有料購読者が１カ月に約10万人ずつ増加し、第１四半期合計で約30万８０００人増となっている。デジタル版の有料購読者は約２２０万人で、デジタル版購読料が１カ月約10ドルなので、デジタル版の第１四半期の購読料は約２２００万ドルとなっている。デジタル版の広告収入は、同じく第１四半期に19％増えて約５０００万ドルだ。

このようなニューヨーク・タイムズの業績の好調さも、トランプ大統領のおかげといわれている。ニューヨーク・タイムズはネットの読者は増やしているが、それでも２０１７年春には約１２０人の従業員を解雇している。そのため、まだ経営的に楽観はできないが、将来に向けて明るい見通しが出てきたことは間違いない。

ＣＮＮも２０１６年に史上最高の利益だったが、大統領選でのトランプ氏のパフォーマンスなどトランプ氏の貢献が大きかったと考えられる。トランプ大統領の登場で、新聞もテレビも経営が大きく上向いたのは間違いないのである。

オフレコ会談という罠

メディアにとって、政権へのアクセス権は重要なものであることは間違いないが、これまでMSMはアクセス権に頼り過ぎて、政権の話をあまりにも鵜呑みにし、批判的な報道が足りないという指摘もあった。しかし、トランプ政権になり、政府はMSMに対して、以前のようなアクセス権を認めない姿勢を取るようになった。アメリカの各テレビ局もこの事態に、政権へのアクセスをどのようにするかで悩んでいた。

2016年11月、各テレビネットワークの役員たちがトランプタワーに集まり、政権への取材をどのように進めるか、政権へのアクセスに関するトランプ氏とのオフレコ（記録にとどめない）の話し合いが行われた。そこでトランプ氏は、各テレビ局の関係者に対して、「あなたたちはウソつきだ」「フェイクニュースだ」と痛烈な批判を行った。

しかしその模様が、ニューヨーク・ポストというタブロイド紙に暴露された。責め立てるトランプ氏に対し、各テレビネットワークの役員たちがこうべを垂れ、「アクセス権が欲しい」とお願いしているように描き出された。読者から見ると、各テレビネットワークは、トランプ政権に対して癒着したがっているようにも見えた。実際にこの報道のあと、テレビは政権へアクセスして情報を得たいがために、ジャーナリズムの独立を捨てたと猛烈な批判を受けたのだった。

そして、同じ時期にトランプ氏は、ニューヨーク・タイムズに対してもアクセス権を話し合う同様のオファーをした。

だが、その話し合いをオフレコで行うことを条件にしたトランプ氏側に対し、ニューヨーク・タイムズはオンレコ（報道されることを前提に話すこと）を求めた。

これまでトランプ氏に「フェイクニュースだ」と攻撃され、アクセスに制限をかけられてきたが、ニューヨーク・タイムズは折れずにオンレコでの話し合いを求めたのである。結局、最終的にトランプ氏が折れ、オンレコでの話し合いとなった。さらに、その話し合いの場は、トランプタワーではなく、ニューヨーク・タイムズ本社で行われることになり、トランプ氏がニューヨーク・タイムズに出向いたのである。

オフレコであればメディアは原則的にそれを報道できず、さらに相手側からは、こちらに都合の悪い部分だけをリークされる可能性がある。テレビ局とトランプ氏の会談を、ニューヨーク・ポストが面白おかしく取り上げたのはその典型例だ。

トランプ氏はオフレコの話し合いをリークすることで、メディアをおとしめ、ジャーナリストたちにダメージを与える作戦だったのだ。トランプ氏は、うまくテレビジャーナリストたちを利用し、彼らの地位を落とすことに成功した。しかし、ニューヨーク・タイムズに関しては、同紙が最後まで折れなかったことで、トランプ氏の作戦は失敗に終わり、結果的にトランプ氏に対する通常のインタビュー取材という形となった。メディアが毅然とした姿勢を取れば、時の政権に対しても堂々と互角に渡り合えるという実例だ。

調査報道に力を入れることで復権した新聞社

トランプ氏が自身に批判的なメディアにはアクセス権を与えず、好意的な扱いをするメディアにのみアクセス権を与えるという対応を具体化させていくなかで、「そういう条件であればアクセス権はいらない」と決めたのがワシントン・ポストやニューヨーク・タイムズなどだった。その結果、特にこの2社は調査報道に力を入れていく方針を固めた。

そして、その調査報道で最初の成功例となったのが、ワシントン・ポストのデービッド・ファーレンソールド記者の記事だ。２０１６年、彼には2つの大きなスクープがあった。１つは同年9月、トランプ氏が慈善団体「トランプ財団」から、計25万ドル以上を訴訟の和解金などに流用していたなどという寄付金に関する報道だ。

もう1つは同年10月、トランプ氏が低俗で性的に過激な言葉を使って女性について語る映像を公開したセクハラに関する報道だ。ファーレンソールド記者は2017年にピューリッツァー賞を受賞した。

トランプ氏が大統領に就任して以降は、2017年2月、ワシントン・ポストによる大統領補佐官（国家安全保障担当）だったマイケル・フリン氏が、就任前に駐米ロシア大使と経済制裁解除について電話協議し、法に触れた可能性があるというスクープがある。同年5月には、ニューヨーク・タイムズが、トランプ大統領がロシアのラブロフ外相らとの会談で機密情報をリークしたという報道があった。さらに同じく5月、今度はニューヨーク・タイムズが、トランプ大統領がコミーFBI長官にフリン氏の捜査を止めるように言ったというコミー・メモの存在を明らかにした。このように、ワシントン・ポストとニューヨーク・タイムズのスクープ合戦が続き、センセーションを巻き起こしている。

ブライトバートは、ワシントン・ポストとニューヨーク・タイムズの報道をフェイクニュースだと批判し、また内部告発者を非国民だと批判し、この2紙の報道を否定しようとしているが、その効果はトランプ氏の支持層に限られているようである。それ以外のリベラルの支持者だけではなく無党派層でも、この報道の効果は大きく、トランプ大統領の支持率は減る一方である。つまり、結果的に社会の二極化がさらに進んでいるといえる。

一方、このような状況下で存在感を示せず、いま現在、視聴者から飽きられつつあるのがFOXニュースだろう。トランプ大統領のスキャンダルなどを報道しないことが仇《あだ》となっている。NBC、CBS、ABCのネットワークやCNNのように、ワシントン・ポストとニューヨーク・タイムズのスクープの後追いをせず、一方でブライトバートのように明確なトランプ支持も打ち出していないので視聴者を惹きつけることができていない。

FOXにとって致命的だったのは、セス・リッチ氏に関する報道だった。セス・リッチ氏は民主党のスタッフだったが、ワシントンのアパート近くの路上で殺された。警察は強盗未遂の殺人事件という見立てだったが、ブライトバートなどのオルト・メディアやFOXは、リッチ氏がヒラリー・クリントン大統領候補らの秘密の

Eメールをウィキリークスに明かし、そのために暗殺されたというストーリーをつくった。当時、ヒラリー・クリントン氏ら民主党有力者らのEメールがウィキリークスに相次いで公開されていて、ロシアのハッカーによって盗まれ、ウィキリークスに持ち込まれたのではないかという疑惑があった。それを民主党スタッフの殺人事件と結びつけ、新たなストーリーを捏造したのだ。

そこには、民主党政権内の陰謀という形にすることで、民主党にダメージを与えようという狙いがあった。

しかし、オルト・メディアやFOXの報道については、まず警察が完全否定した。次に事件に詳しい関係者らが、そんなことはあり得ないとこちらも完全否定した。さらに、セス・リッチ氏の遺族が、「殺人事件の被害者である私たちの息子を、政治的に利用することはやめてください」という声明を発表するに至り、フェイスブックとグーグルが、陰謀論のニュースサイトを消去する決断を下したのだ。遺族がさらにFOXに対しても抗議をすると、さすがにFOXも一連の報道をフェイクニュースと認め、ウェブサイトに掲載された記事を取り消したのであった。

ＦＯＸのニュース番組のホスト、ショーン・ハニティ氏は、トランプ大統領の熱烈な支持者で仲がいいことで知られているが、このハニティ氏が、ＦＯＸのセス・リッチ氏暗殺報道は真実であると最後まで頑張っていた。しかしＦＯＸ側から、これ以上発言するとスポンサーが降りて番組が終了する可能性があると告げられると、この件に関して何も言わなくなった。この一連の報道不祥事によって、ＦＯＸの報道機関としての信用度が、著しく失われてしまったといえるだろう。

敵対しながらも、記者との接点を利用するトランプ

ニューヨーク・タイムズに、マギー・ハバーマンという女性のホワイトハウス担当記者がいる。ツイッターのフォロワーも約62万人（2017年8月末現在）という人気の記者だ。

実は、トランプ大統領はニューヨーク・タイムズを批判しながらもマギー・ハバーマン氏のことは気に入っているようだ。例えばトランプ氏は、2015年に今回の大統領選に出馬すると決めたとき、だれに一番に言ったかというとハバーマン氏だった。食事の席で打ち明けたのだが、彼女はトランプ氏が前回の大統領選（2012年）にも出馬を検討して結局出馬しなかったことから、今回も真面目に出馬をする気はないのだろうと判断し、報道をしなかったという。

ハバーマン氏にこのような大事な決断を最初に打ち明けたということは、やはりトランプ氏は彼女のことを信頼しているのだ。トランプ氏は、ニューヨーク・タイムズを批判し、ハバーマン氏自身も批判することがあるが、実際にはハバーマン氏を優先的に扱っていて、彼女に認めてほしいという気持ちが強いのだと思われる。

ハバーマン氏はニューヨーク・タイムズに入る前、新米記者として、ニューヨーク市にある二大タブロイド紙であるニューヨーク・ポストとニューヨーク・デーリー・ニュースに勤めていた時代から、当時ビジネスマンだったトランプ氏を取材しており、そのとき以来、トランプ氏は彼女のことを尊敬し、信頼していると思われる。（ちなみに、ハバーマン氏は、ニューヨーク・タイムズ入社以前に、前述したポリティコという新ＭＳＭにも勤めていた）

ハバーマン氏によるトランプ氏の単独インタビューは12回ほどもあり、なかには2人が激しく言い合うインタビューも収録されている。例えば、トランプ氏が「あなたは、ヒラリー・クリントンの報道長官だという批判もありますよ」と言うと、すかさずハバーマン氏が「そんな批判、聞いたこともないわ。それはあなたが言っているだけでしょう」と言い返すのである。こういった2人のやり取りが面白く、ハバーマン氏によるトランプ氏インタビューは人気を博している。大統領になってからもトランプ氏は、ハバーマン氏のインタビューは受けている。

トランプ大統領はニューヨーク市のクイーンズ出身である。クイーンズは、日本で言えば港区のような東京の中心ではなく、板橋区のような山手線の外側の地区となる。そのためニューヨークの中心のマンハッタン、ニューヨーク・タイムズが代表するそのエスタブリッシュメントに対しては複雑な感情を持っていると分析する人もいる。

トランプ大統領の心のなかには、マンハッタンで歴史のあるニューヨーク・タイムズへの反発と憧れが共存しているのではないだろうか。

いずれにしても、表では大手メディアと敵対しているように振る舞っていながらも、完全に接触を断つわけではなく、記者との接点を持ち続け、それを利用しようというのがトランプ流のメディア戦略だ。

「違う意見は聞きたくない」という人々の出現

２０１７年5月に、ニューヨーク・タイムズは、ウォール・ストリート・ジャーナルからコラムニストのブレット・ステファンズ氏をヘッドハンティングした。ピューリッツアー賞の受賞歴がある保守派の注目の論客だ。

なぜ、ニューヨーク・タイムズが保守派のコラムニストを採用したかというと、やはり新聞にはさまざまな意見が必要で、もちろん保守派の意見も必要ということが最大の理由だった。そして、ステファンズ氏の最初のコラムが２０１７年5月に掲載された。それは、「地球の温暖化は本当だろうか、地球の温暖化は本当に人間が原因だろうか」といった内容のコラムだった。

するとそれを読んだ読者から、猛烈な批判の声が届き、大バッシングを受けたのだ。読者の一部からは、こういう意見はけしからん、購読をキャンセルしたというツイートもあった。

いま、自分の考え方と異なる意見は見たくない、聞きたくないという人が増えている。それは、ブライトバートやＦＯＸしか見ない保守系などの右のほうだけではなく、ニューヨーク・タイムズなどを読む左もそうであるということだ。もし、新聞が完全な中立を目指すとすれば、左右両方を怒らせることになってしまうのかもしれない。メディアが、その読者、視聴者の考えに合わない事実などを伝えた場合、その読者たちが逃げてしまう可能性があるのだ。

自分の意見に合わないものを拒否する傾向は、ヘビーなネットユーザーほど強いかもしれない。というのはインターネットには、ユーザー個人の考え、生き方、生活パターンが反映されるからだ。例えばパソコンには、どんなサイトを閲覧していたか、自分が調べた履歴に沿った広告や商品、趣味など、よく見るサイトに似た内容のサイトがポータルサイトで表示される。政治的な意見についても、自分がよく見るサイト、またそれと同じようなサイトがポータルサイトに表示される。アマゾン・ドット・コムのサイトでは、過去の購入履歴、検索履歴からおすすめ商品が表示される。SNSでも、ユーチューブのおすすめ動画、ツイッターのおすすめユーザーなども、自分自身の履歴からコンピューターが勝手に判断してはじき出す。結果、自分の意見、自分に近い意見しかネット上にはないことになる。実は自分の履歴による表示なのに、いま、世の中も実際にこうなっていると勘違いしてしまうこともあり得るのだ。ネットの空間が、そうやって、個人のエコーチェンバーになってしまうのである。

同じ意見、考え方の人々がSNSなどを通じてコミュニティをつくり、そのコミュニティが閉じられたもので、他のコミュニティとは接点を持たなくなっている。そのようなとき、単なる1つのコミュニティ内の意見や考え方が、実際の社会の現実であるかのように錯覚してしまうのだ。

そのようなコミュニティにどっぷりと浸かった人は、そこで広まっている意見や「事実」と違った意見や事実は、フェイクニュースとして拒絶し、受け入れる能力を持たなくなってきている。

「自分の意見と違う意見は聞きたくない」という人の増加は、ネット、ソーシャルメディアが後押ししているのだ。ここに現代のネット、SNSの危険性があるといえる。

いまはトランプ大統領という非常に興味深い存在によって、調査報道や大統領への批判的な報道に、反トランプの人々を中心として注目が集まっている。トランプ大統領がいてくれたほうが、ネタが豊富で、新聞が売れ、視聴率が上がって好都合だと考えているメディア関係者もいるかもしれない。

しかしメディアの批判は、社会をよくしていくためのもので、「批判のための批判」ではない。今後、状況が変わり、トランプ大統領に対する批判も調査報道も必要でなくなった場合、いま熱心に新聞を読んでいる読者が離れていってしまう可能性は十分考えられる。

たまたまトランプ大統領の出現によって、アメリカの大手新聞は業績を回復しはじめているが、果たして今後も、多様な意見を包摂するアメリカのジャーナリズムが生き残っていけるかは簡単なことではないといえるだろう。

第３章

トランプ政治はどこへ向かうのか

没落するアメリカの中産階級が抱える不満

イギリスのEU離脱やトランプ大統領の誕生、ヨーロッパの極右政党の勢力拡大など、グローバリズムとネオリベラリズム（新自由主義）に対する反動が、いま、世界的な大きな動きとなって表れはじめている。

アメリカと中国の関係で言えば、グローバリズムの進展によって、中国から安価な製品が大量に国内に流入することで、アメリカの製造業は弱体化し、多くのアメリカ人が仕事を失う事態になった。中国との貿易のせいで仕事が奪われたと、不満を持つ人々がアメリカ社会に増えてきている。

新自由主義政策の推進でさまざまな規制緩和が行われ、大企業やウォール街の力が増し、アメリカ経済界全体が従業員よりも株主を重視するようになってきている。

大企業の経営陣は、圧倒的に高い報酬をもらう一方で、一般の従業員の収入は上がらなくなっている。多くの富が一部の富裕層に集中し、その他多くの庶民との格差が広がって、社会の分断が進んでいるのだ。

所得が比較的高かった自動車産業などの製造業が衰退して仕事がなくなり、その代わりに増えてきたのがウォルマートなどの小売業やサービス業で、こうした産業は、かつての製造業に比べて従業員の所得が低く抑えられている。

一昔前までのアメリカでは、ブルーカラーの人たちは工場に勤めていて、そこで比較的いい収入を得て、自分の家や車を持つことができた。生活水準も高く、いわゆる中流の生活ができていたのだ。しかし、いまでは彼らの子どもたちは、中流ではなく社会の下層になり、親の世代よりも生活水準が低くなっている。かつての中流の生活水準を得られる仕事がなくなり、給料の低い小売業やサービス業の仕事ばかりが増えているのだ。

このような不満がいま、アメリカの社会には渦巻いている。自分たちが親の世代と比較して生活水準が下がってしまっているのは、社会のあり方や国の政策が間違っているからだという思いを持つようになっている。そして、そういう思いを持つ人たちは、主に低学歴の白人男性に多い。

１９５０年代、１９６０年代は、しっかりと仕事をしていれば、幅広い中間層のなかに入ることができた。しかしそういった庶民も、１９７０年代、１９８０年代になると中流の生活を営むことができなくなりはじめる。いまや家も持てず、車も中古車しか買えないという下流社会での生活しかできなくなったかつての中流家庭の2代目が増えている。どんなに頑張っても、上には上がれない、収入を増やすことができないというイライラが社会に充満し、この不満を背景にしてトランプ氏は大統領の座をつかむことに成功する。

メディアを含めた既得権層への敵意をあおるトランプ

アメリカの中流家庭の多くが下層に転落したといっても、アメリカという「国」を見れば、経済力は依然として世界一であることは間違いない。アメリカ経済は現在、好調を維持している。

アメリカの国内総生産（GDP）は、約18・6兆ドル（2016年）。1ドル＝110円で計算すると、日本円で2046兆円になる。一方、日本の2016年度のGDPは約537兆円なので、圧倒的な経済力の差がある。2015年のアメリカのGDPの世界における割合は、世界のGDPの24・3％となっている。その2年前、2013年は、21・7％なので、世界におけるアメリカ経済の地位も上がっているのである。

経済の内容を見てみると、シリコンバレーのような起業拠点を筆頭に新しい企業が次々と生まれ、企業家が育っている。新しい技術、商品、アイデアが生まれ、常にイノベーションが起きている躍動感あふれる経済である。さらに、失業率も低い値を維持している。

しかし、それでも不幸を感じている人々が多いのも事実だ。それは、いまの好調な経済から完全に置き去りにされていて、全く恩恵を受けていないと感じる人が非常に多いことが原因である。そのような人々は、なぜ経済が好調だというのに自分には何の恩恵もなく、むしろ生活レベルが下がっていくのかというフラストレーションを感じている。

この怒りが、エリートに対する怒りへと向かっているのだ。トランプ大統領は、ワシントンの既得権層を特にバッシングしているが、そのなかに政治家や官僚、メディアが含まれている。トランプ大統領は、彼らはグローバリズムによって権益を得ていると言う。

スティーブ・バノン前首席戦略官・上級顧問は、彼らをグローバリストと呼び、グローバリストのエリートたちが勝利して豊かになり、普通のアメリカ人が敗北して貧乏になっているのがいまのアメリカだと語っている。グローバリストとは国境を超えたエリートであり、アメリカ第一ではなく、自分たちさえ得をすればいいと考えているとしている。

トランプ大統領の最も重要な政治的公約が、アメリカの製造業の復活だ。言い換えれば、相対的に給与が高い製造業の雇用を増やすということだ。そのためにTPP（環太平洋パートナーシップ協定）を含めた国際的な貿易協定を離脱したり、見直しをしたりしている。アンフェアな貿易協定によってアメリカの製造業が苦しんでいるという理屈だ。だから、アメリカの労働者が利益を得られるような貿易協定にするというのだ。

トランプ大統領のスローガンに「アメリカ・ファースト」という言葉があるが、国家のことを気にせず自身の利益のみを追求するグローバリストたちによって損をさせられていると考えるアメリカ人の心には、この言葉がとても響くことになる。

トランプ大統領や彼を囲む支持者らがよく言うのが、「ドレイン・ザ・スワンプ

（沼地をきれいにしよう）」というフレーズだ。汚くて腐った沼地とは、つまりワシントンのことで、そこから濁った水を排出してきれいにしようという意味だ。ワシントンは、エリートたちがさまざまな既得権益を持っていて、汚くて腐っていてどうしようもない。それをきれいにして、つまり既得権益を打ち破って、アメリカの政治を国民に取り戻そうという意味だ。メディアも既得権益なので、「ドレイン・ザ・スワンプ」で、きれいにする対象に入っている。

大統領選での、トランプ大統領の支持者を集めての集会では、メディアや記者に対して支持者らが、「ブーブーブー」、「シーシーシー」などと、ブーイングを浴びせたり、「フェイクニュース！」とヤジを飛ばしたりするシーンがよく見られた。暴力まではいかないが、記者が圧力、恐怖を感じる状況もよく見られた。

そしてついに2017年5月には、実際にメディアに対する暴力も起こった。モンタナ州で行われた連邦下院議員補欠選挙（5月25日投開票）で、トランプ大統領支持を掲げて選挙戦を戦っていた共和党候補が、イギリス・ガーディアン紙アメリカ版の記者に暴行する事件があったのだ。通常、このようなケースでは、暴力を振るったほうが選挙で勝つことは考えられないが、暴力を振るった共和党候補が民主党候補に勝利するという信じられない結果になった。

共和党支持者のなかには、トランプ大統領の「メディア＝悪」というストーリーに乗って、悪に対して暴力を振るうぐらいは問題ないと感じていた人が相当数いたということなのかもしれない。これはとても危険な兆候である。

労働者の支持を得ていながら、実は富裕層向けの政策を推進している

トランプ大統領は、アメリカの政治的なエリート、既得権益を持ったビジネスエリート、大メディアを批判しているが、ウォール街の金融エリートに対してはほとんど批判を展開していない。

実はトランプ政権中枢には4人のゴールドマン・サックス出身者がいる。ゴールドマン・サックスはアメリカを代表する金融グループで、世界最大級の投資銀行だ。ゴールドマン・サックス社員のボーナスが平均6500万円を超えるという報道もあるほど、ケタ違いの企業である。

このダブルスタンダードを支持者たちはどう見ているのか。いまのところは、それについては批判の声は出ていないようだが、もしトランプ政権の政策が完全に行

き詰まるようなことになったら、さすがに支持者らは失望し、このダブルスタンダードを批判することになるかもしれない。

また、トランプ政権は、法人税率の大幅な引き下げ、個人所得税の抜本的な制度改革を進めている。この税制改革で得をするのは企業や金持ちで、中流以下の家庭にはほとんど恩恵はない。

むしろ社会福祉や教育予算が削減されることで、低所得者層にはマイナスの政策であり、大きな恩恵を受けるのは富裕層に限られる。

この点から見ても、実はトランプ大統領の政策は、社会の上位1％を占める富裕層のための政策なのだ。まさに、「富裕層の、富裕層による、富裕層のための政治」といえる。

さらにトランプ政権は、新自由主義に反対する姿勢を見せてはいるが、一方で規制緩和を主張している。規制緩和を推進すれば、さらに新自由主義が進むという矛盾を抱えているのだ。

リーマン・ショック以降、オバマ政権では銀行の行動を制限する金融規制改革法が施行されたが、この法律を見直し、規制緩和をする。ウォール街は基本的には株主のための場であって、この規制緩和をしても、トランプ大統領の支持者である労働者の状況が改善されることはなく、むしろ労働者の生活はさらに苦しくなると考えられる。

トーマス・ジェファーソン大統領に連なるトランプ政治

トランプ流の政治は、アメリカの歴史を見ると、初めて現れた現象ではない。トランプ政治を説明するためには、最初にアメリカ政治史を見ていく必要がある。アメリカという国家に対して、どういう国、どういう社会をつくりたいかということに関して、2つのビジョンがある。

1つは、トーマス・ジェファーソン第3代アメリカ大統領（1801〜1809年）の政治ビジョンだ。ジェファーソン大統領は、アメリカ独立宣言をつくった1人であり、共和制の理想を追求したリパブリカン（共和主義者）で、アメリカ建国の父の1人とされる。共和制の理想とは、州の権利、個人の自由を最大化し、政府の権限を小さくするというもので、小さい政府を志向する。例えば、開拓者の農家が、政府が管理していない場所に行って森を切り開き、農場をつくって農業を始める。そういう開拓者をアメリカ人の理想とし、それらの人々の自由を奪う規制はするべきではない。そのために、最低限の政府があればいいという考え方だ。

もう1つのビジョンは、アメリカ合衆国憲法の起草者である初代アメリカ財務長官のアレクサンダー・ハミルトンの考え方だ。ハミルトン財務長官は、中央政府には大事な役割があり、積極的に関与する中央政府が必要であると考えた。そして、通貨を守るために中央銀行が必要であるとし、初の連邦中央銀行を設立した（1791年）。ハミルトン財務長官のもう1つの考えの柱は、教育レベルの高い人々、つまりエリートが国を指導すべきとした点だ。そのため、国民が選挙で代表を選び、その代表が法律を決める議会制度がいいとした。間接民主主義である。

ジェファーソン大統領は、一般の国民が直接的に法律制定などに積極的に関わることができる直接民主主義を主張した。ジェファーソン大統領は、地方自治を重視し、小さな中央政府を理想とした。一方で、ハミルトン財務長官が理想とするのは中央集権的な大きな政府だった。

この2人の政治家の政治に対する考え方が、アメリカ独立戦争から続くアメリカ政治の2つの流れとなっている。ジェファーソン大統領のビジョンは現在の共和党に引き継がれ、ハミルトン財務長官のビジョンは現在の民主党に引き継がれている。アメリカでは、小さな政府を志向する考えを保守と呼び、大きな政府を志向する考えをリベラルと呼んでいる。アメリカの見方では、共和党で小さな政府を志向するトランプ政治は、保守政治となる。

アメリカの保守とリベラルの分け方は、日本の保守とリベラルの分け方とは全く意味が違う。アメリカの見方でいうと、大きな政府を志向する自民党は完全にリベラルであり、社会主義に近いといえるかもしれない。金融緩和を行い、財政出動に積極的で、規制緩和と言いながらも政府が積極的に役割を持つ点は変わらず、大きな政府を目指す安倍政権もリベラルである。日本で、アメリカの見方で保守に当たるのは、小泉純一郎政権や、それを支えた竹中平蔵氏だろう。

日本の保守、リベラルの分け方は、第2次世界大戦における日本の戦争をどう見るかで分かれているように私には見える。日本が間違った侵略戦争をしたと考える人々がリベラルで、日本は必ずしも悪くはなかったが戦争に負けたことで責任を負わされたとする人々が保守に当たるようだ。

韓国の場合は、北朝鮮をどう見るかで保守かリベラルかが分かれる。北朝鮮は敵であると考えるのが保守、北朝鮮は同じ民族なので、本当は仲間であると考えるのがリベラルである。このように保守とリベラルの分け方は国によって違うのだ。

ジェファーソン大統領は当時、ワシントンのエリートたちを打ち破る、権力をエリートから国民に取り戻すという政治的な主張をしていたという。ジェファーソン大統領とトランプ大統領の主張には共通点が多く、トランプ大統領はジェファーソン大統領の系譜に連なる政治家と言うことができるだろう。

トランプ大統領とそっくりなアンドリュー・ジャクソン大統領

もう1人、トランプ大統領と重なる政治家がアンドリュー・ジャクソン第7代アメリカ大統領（1829～1837年）ではないだろうか。ジャクソンは、アメリカ陸軍の大佐・少将を務め、大英帝国との米英戦争（1812～1815年）では、ニューオリンズでイギリス軍を打ち破る軍功を挙げた。当時、世界一と言われた大英帝国の陸上部隊に勝利したことで、一躍国民的なヒーローになった。そして、その約15年後、彼は大統領になるのである。

このジャクソン大統領が、当時発していたメッセージを見ると、驚くほどにトランプ大統領の言い方と似ている。例えば、「ワシントンのエリートの既得権益がアメリカをおかしくしている。ワシントンのエリートから権力を奪って国民に返す」

というポピュリスト的なメッセージがある。ジャクソン大統領が言うエリートとは、銀行マン、そして、プロの政治家＝世襲議員だった。世襲議員に対しては新貴族と呼んで激しく批判していた。

ジャクソン大統領は、ウォール街の既得権益、ワシントンの既得権益がアメリカを弱体化させているという立場を取っていた。当時は、大英帝国の侵略からアメリカをいかにして守るかが国の大きなテーマになっていた。アメリカを弱体化させてはならないという思いの裏側には、アメリカを大英帝国からいかに守るかというジャクソン大統領の必死の思いもあったのだ。

政敵に対して強い攻撃を行うところも、トランプ大統領にそっくりだ。そのため、ジャクソン大統領もトランプ大統領と同じように、政敵から、独裁主義の政治だ、デマゴーグの政治家だと批判を受けた。

また、ジャクソン大統領は大統領の権限を強め、史上初めて拒否権を行使した大統領としても知られている。拒否権とは、議会が制定した法案を大統領が署名しないことで承認を拒否する権利だ。

当時のアメリカは保守とリベラルの2つの政治勢力があり、その対立が非常に激しく、相手の政策だけではなく、相手の人格攻撃まで行うという、いまの時代とまったく同じようなことが行われていた。

そこでジャクソン大統領が非常に巧みだったのが、敵をはっきりさせ、攻撃するという点だった。ジャクソン大統領の熱烈な支持者は豊かではない白人層で、当時は農業地帯だった南部に住む白人が中心だった。南部には相対的に貧しい人々が多く、産業が発達した北部の資本家、富裕層に対する敵対心は強かった。

そして、ジャクソン大統領は、彼ら社会に不満を持つ人々に敵の存在を示した。トランプ大統領がイスラム教徒を敵視するように、ジャクソン大統領はアメリカ・インディアン（ネイティブ・アメリカン）に対する敵意を示したのだ。

当時、南部にはアメリカ・インディアンの強い部族がいくつかあったが、最も有名なのがチェロキー族だった。チェロキー族は、アメリカの憲法、議会などを参考にして、国旗などもつくってチェロキーネーションという国をつくっていた。そして、アメリカ合衆国と協定を結んでいた。

しかしジャクソン大統領は、チェロキーネーションとの協定などは全て無視して、チェロキー族らをミシシッピ川の西（現オクラホマ州）に、軍を使って強制移住させた。その強制移住の移動の途上で、チェロキー族ら相当数のアメリカ・インディアンが亡くなったことから、この悲劇は「涙の道」と呼ばれ、アメリカの悲劇の歴史の1つとして知られている。チェロキー族は、もともとはジョージア州北部、ノースキャロライナ州、テネシー州の山間地に居住していた。そこは、豊かな森がある地域だった。しかし、オクラホマは、ほとんど砂漠に近い大草原の乾燥している土地だった。豊かな土地から痩せた土地への移住を余儀なくされたのだ。

ジャクソン大統領がなぜ、このような強制移住を行ったかというと、貧しい白人層に土地を提供するためであった。アメリカ・インディアンの土地を収奪して、ジャクソン支持者の白人たちに土地を供与したのだ。トランプ大統領が、自分を支持してくれる白人たちのために雇用を創出しようとしていることと似ているともいえる。もちろん、ジャクソン大統領の土地収奪は、現在の世界では考えられない野蛮な行為であり、トランプ大統領はそういうことはしないはずだが……。

小さな政府を目指すジャクソン大統領は、中央銀行も必要ないという立場だった。当時、中央銀行として第2合衆国銀行があったが、ジャクソン大統領は1833年に、この第2合衆国銀行を終わらせる選択をしたのだった。これも、トランプ大統領が国務省の予算をカットしたり、中央政府のさまざまな機能をなくしたりしていこうとする方向性と似ているともいえる。

もう1つ、ジャクソン大統領がメディアに対する強い不満を持っていたことも、トランプ大統領と似ている。当時はメディアの中立性はなく、全ての新聞はどこかの政党と関係していて、敵味方、右左の主張がはっきり分かれていた。ジャクソン大統領も、かなり批判の対象になっていたため、「メディアは敵だ」と対立していたのだ。そして、支持者たちがついには、ジャクソン大統領を支持するための新聞を創刊してもいる。

メディアの批判に対しては、歴代の大統領が不満を持っていたようで、ジョージ・ワシントン初代大統領（任期1789～1797年）の大統領の日記にも、メディアに対する怒りが記されていた。大統領を批判することで、国民のリーダーに対する信頼を毀損していているなどとつづられていた。しかし、ワシントンは、公的な場ではメディア批判は控えていた。

ジョン・アダムズ第2代大統領（任期1797〜1801年）は、新聞に対する強い怒りを抱えていて、外国人・治安諸法という法律をつくった。その内容は、政府に対する批判をある程度まで違法にするというものだった。この法律に対しては反対が強く、アダムズは1期で大統領を退いた。

そして、リパブリカンであるトーマス・ジェファーソン第3代大統領（任期1801〜1809年）の時代になって、この法律は廃止された。ジェファーソン大統領が、メディアの自由、報道の自由が民主主義の基礎であるという理想を持っていた点は評価されるべきだろう。

パラノイアの傾向があったニクソンとトランプの共通点

トーマス・ジェファーソン、アンドリュー・ジャクソンとトランプ大統領の系譜と思われる過去の大統領を紹介してきたが、私が現在のトランプ大統領に最も近いと考えるのはニクソン大統領（任期１９６９〜１９７４年）だ。ニクソン大統領は、メディアに対する怒りや不満が歴代大統領のなかでもより激しく、メディアに対しては一種のパラノイアの傾向があった。メディアがニクソン大統領を倒すために、徒党を組んで陰謀を張り巡らせている、メディアは民主党と策謀してニクソン政権を打倒しようとしている、メディアは加害者で悪者であり、自分は被害者であるという妄想を持っていた。

ニクソン大統領は、ホワイトハウスの職員がニューヨーク・タイムズ、ワシントトン・ポストの記者と話してはいけないというルールまでつくった。そして、ニクソン大統領を支持する、当時は保守系メディアだったロサンゼルス・タイムズ、シカゴ・トリビューンの記者とは自由に話していいとした。

スピロ・アグニュー副大統領（任期1969～1973年）は、NBC、CBS、ABCのテレビネットワークは、国民に選ばれていないエリートたちが保有していて、彼らは有権者に選ばれていない権力者であり、非民主主義的であるという批判を行った。また、テレビニュースはもっと国民の意見や気持ちを反映させ、有権者の気持ちに応えるものにしなければいけない、メディアが完全に自由になってはいけないとも語っている。

ニクソン大統領は、彼の妄想を、メディア批判として政治的にも利用した。メディアはリベラルなエリートだという批判である。ニクソンの支持者には南部の白人が多く、当時は、マーティン・ルーサー・キング・ジュニア牧師が活躍した黒人の公民権運動が盛り上がった時代で、メディアはほぼ黒人側に同情的であり、公民権運動を支持していた。

メディアの多くは本社がニューヨークやワシントンにあり、そういう人たちが南部に来て、公民権運動に対する白人の反応、白人席と黒人席が分けられた市営バス、白人による黒人の子どもの高校への入学阻止行動、黒人たちの抗議デモに対する警察の圧力や暴力といったネタを取材し、写真や映像を撮って、南部の白人の対応を批判的に報道していた。

それに対して、南部の白人たちは、メディアはみな黒人たちの立場になっている、我々のことに関して悪意ある報道ばかりしているという不満があったのだ。そして、北部から来たメディアに対して、徐々に怒りのボルテージが増し、メディアへの攻撃、記者への暴行事件も起きた。

ニクソン大統領は、リベラルメディアという言い方でメディアを批判した。「リベラルメディアは、南部の価値観を全く理解していない。南部の白人層を敵視している」といったような、いまのトランプ政権と近い言い方をしていた。南部の白人層の、メディアへの不満をうまくとらえて、自分の政治的な支持を広げるためにそういうフレーズを使ったのだ。いまのトランプ政権が、白人の低所得者層、貧困層に向けていろいろな発言をしているのと近いといえる。

また、ニクソン大統領は、メディアが公民権運動を支持していること、黒人たちに同情的であるだけではなく、共産主義に甘すぎるという批判もしていた。それは、アメリカのメディアがベトナム戦争を批判していたからだ。ベトナム戦争には、共産主義を抑止するという目的があったのに、メディアはそれを理解せず、批判ばかりしていると考えた。

ベトナム戦争は、ケネディ大統領、ジョンソン大統領の民主党政権時代に始めた戦争だったが、ニクソン政権時にメディアは完全にベトナム戦争反対の論調になっていた。そういうメディアの姿勢に対し、ニクソン大統領は不満を持っていたのだ。

これらの一連の事実から見ると、トランプ政権はニクソン政権と非常に近い性格を持っているといえる。1つだけ違うのは、いまはソーシャルメディアが発達していること。トランプ大統領は、既存メディアを避けて、直接支持者たちと話ができる点だろう。ニクソン大統領の時代にはそういう手段はなかったのである。

また、ニクソン時代には、リベラルメディアを敵とみなして批判する保守メディアがなかった。ロサンゼルス・タイムズ、シカゴ・トリビューンといった保守系新聞はあったが、他のメディアを批判するような論調はなかった。ニクソン政権時には、攻撃的保守メディアが存在しなかったため、ニクソン政権はメディアの批判に耐えきれずに倒れたという認識があった。そのニクソン政権失敗の教訓から、リベラルメディアを批判する攻撃的な保守メディア、FOXニュースが生まれた。

実は、FOXニュースの創業者で初代最高経営責任者（CEO）を務めたロジャー・エイルズは、若いときにテレビ番組のプロデューサーをしており、ある番組で当時、上院議員だったニクソンと出会い、それが縁で1968年の大統領選では、ニクソンのメディアアドバイザーとして活躍した人物だ。選挙戦で、南部の白人層に集中的に攻勢をかけるという作戦を考えたのも、エイルズだった。

設立からこれまで一定の存在感を見せていたFOXニュースだが、トランプ政権下では、影響力を失いつつあり完全に古い存在となっている。現在はブライトバートなどの新保守のオルト・メディアが影響力を持ちはじめているのだ。

ニクソン大統領とトランプ大統領のキャリア面での大きな違いは、ニクソン大統領は下院議員、上院議員の経験を積み重ねたプロの政治家だったが、トランプ大統領は政治家としての経験がないアマチュアであるという点だ。トランプ大統領は救世主としていまはもてはやされているが、結局は政権運営に失敗し、支持者たちを失望させる可能性が高いともいえる。

アジアの専門家がただ1人しかいないトランプ政権の危険性

中国の政治学者がトランプ政権を指して、「三無（3つのNO）」であると言った。1つ目は、国を運営する専門的な知識がないこと。2つ目は、政策的な枠組みがない。つまり、何をやりたいかわからないこと。3つ目は、戦略的なコンセンサスがないこと。例えば、国外では、アジア諸国、東南アジアの国々ともコンセンサスがなく、国内でもコンセンサスがない。そのため、政治力がないと言う。

アメリカでは、シンクタンクに所属する専門家が政策をつくり出していく。日本のように官僚が政策をつくるのではなく、アメリカではシンクタンクの専門家が官僚の上に立って政策を策定する。

例えば、共和党ではマイケル・グリーンやリチャード・アーミテージといった人たちが日本ではよく知られている。しかし彼らもトランプ政権誕生前に、トランプ政権には絶対に加わらないという誓約書にサインをしている。つまり、いまトランプ政権には、共和党の政策づくりの専門家がほとんど参加していないのだ。このような専門家が在野のままというのは、国の損失なのかもしれない。

連邦政府には、大統領が直接、間接に任命する1562のポストがある。このポストに人材を選び、任命するのがたいへんな仕事になる。もちろん、その全員を大統領が任命するわけではなく、大統領が任命した各省長官が選ぶポストもある。しかし2017年6月時点で、任命された人は約40人、議会の許可を待っている人が約80人、合わせると1562のうち120人なので約8%しか決まっていない。リーダーがいない組織がまだかなり存在しているのだ。もし、こういう状況で大災害や戦争が勃発したら、国の組織が崩壊してしまうかもしれない危険な状況なのである。

トランプ政権では、こうした異常事態が起きている。だから、中国の学者にも批判されるわけである。

トランプ政権で唯一、アジアの知識を持っているのが、マット・ポッティンガー氏だ。元ウォール・ストリート・ジャーナルの中国特派員で私の元同僚だが、9・11のあとに国に貢献したいとジャーナリストを辞めて海兵隊に入隊した人物だ。海兵隊で、マイケル・フリン前国家安全保障問題担当大統領補佐官の下で働いていたため、トランプ氏がフリン氏を政権内に連れてきたときに、フリン氏がポッティンガー氏を国家安全保障会議（NSC）のアジア上級部長に推薦し、就任した。その後、フリン氏が政権を去り、ポッティンガー氏が残った。

現在、トランプ政権唯一のアジア専門家である。

かつてのアメリカの政権では、大物の知日派、中国専門家がいたが、いまは日本やアジアの専門家が1人しかいない。そういう意味でも、心配なのである。

トランプ大統領はポピュリスト的な右派という意味では前大阪府知事の橋下徹氏に近いが、トランプ政権が素人の集まりで、経験の浅さとスキがあまりにも目立つという意味では、民主党（当時）の鳩山政権に似ているともいえる。トランプ氏も選挙中に発言していたことと大統領になってから行っていることが違うし、コロコロと言うことも変わる。鳩山総理も、脱官僚で専門家集団の官僚組織を敵視したことが災いしたが、トランプ大統領も、ワシントンの専門家の協力を得られていないという点では全く同じである。

第４章

安倍とトランプ、「メディアへの敵意」という共通点

「アメ」を与えてメディアをコントロールした安倍政権

2012年からスタートした第2次安倍政権は、トランプ政権と多くの共通点を持った政権だ。トランプ政権のほうが遥かに極端ではあるが、そこに共通点もある。まず、安倍政権がメディアをコントロールしようとする手法は、トランプ政権のそれとよく似ている。実際には安倍政権のほうが、メディア同士の対立をあおって、メディアの分断に成功している。

安倍政権、トランプ政権に共通に見られたのは、メディアに対してアメとムチを使い分ける手法だ。具体的には、協力的なメディア、味方のメディアを選別し、そこにはアメを与える。メディアにとってのアメとは、スクープ、特ダネ、そして何より単独インタビューだ。協力的なメディアとして読売新聞、産経新聞、夕刊フジなどが挙げられるが、彼らにはたくさんのスクープを与え、安倍総理も多くの単独インタビューを受けている。

例えば、２０１３年４月16日には、安倍総理は読売新聞の単独インタビューを受け、そこで憲法改正について憲法の96条をまず見直すという考えを述べている。２０１３年９月26日には、読売新聞は政府が考える集団的自衛権の内容を最初にスクープしている。さらに２０１７年５月３日、再び安倍総理は読売新聞の単独インタビューを受け、２０２０年までに９条を含めた憲法改正を目指すという発言をしている。総理や政権から、独占的に読売新聞にスクープが与えられていることがよくわかるだろう。

また、産経グループの夕刊フジも、駅売りがメインの夕刊紙ながら多くのアメを与えられている。２０１３年12月に特定秘密法についての安倍総理の単独インタビューを掲載している。そして２０１７年５月４日には、憲法改正に関する安倍総理の単独インタビューに成功している。

これらは、安倍政権による協力的なメディアに対する特例的な扱いだ。日本の歴代政権は、このような単独インタビューを行うことはこれまでほとんどなかった。

例えば、小泉政権（2001〜2006年）のときは、官邸の入り口から小泉総理が出てくるのを記者たちが待っていて、小泉総理は囲み取材に応じていた（この取材方式はぶら下がりと呼ばれている）。1社だけではなく全員の前で話をしており、基本は平等性を重視し、単独インタビューはあまり行ってこなかったのだ。

しかし、安倍総理はアメとしての単独インタビューを多用している。これが安倍政権の1つの大きな特徴といえるだろう。安倍政権は、メディア操作に関する考え方が歴代政権と大きく違うのである。単独インタビューをもらったメディアは、総理への批判の矛先も鈍ってくる。そうやって報道の内容自体もコントロールするのである。

一方で、敵と選別された朝日新聞や毎日新聞では、単独インタビューはほとんど実現していない。

きわめつけは安倍総理本人が、味方の新聞の宣伝までする始末である。2017年5月8日、衆議院予算委員会で、安倍総理が民進党の長妻昭議員（現立憲民主党）に総理自身の憲法改正発言について聞かれ、「自民党総裁としての考え方は相当詳しく読売新聞に書いてあるので、ぜひそれを熟読していただいてもいいのでは」と答弁したのだ。

ここまで味方のメディアを持ち上げるのは行き過ぎであるし、読売新聞側にとっても、政権との癒着が疑われかねない答弁であり、アメリカであったらメディアのほうも批判されてしまう答弁と言っていいだろう。

自分に批判的なメディアを「国家の敵」として貶める戦略

安倍政権は好意的なメディアに対しては、首相とメディアのトップが会食をするなど、さまざまな意味での癒着、慣れあいを行ってきた。例えば、安倍首相と読売新聞のナベツネこと渡邉恒雄・読売新聞代表取締役主筆との蜜月ぶりなどだれもが知るところだ。

一方、政権に対して批判的なメディアに対しては、安倍政権は容赦なくムチを打つ。単独インタビューを受けないし、スクープも与えない、アクセス権すら制限して門前払いをするのだ。

ムチには、いわゆる「脅し」もある。最も有名な例は、2016年2月8日の衆院予算委員会で、高市早苗総務大臣（当事）が、放送局が放送法4条の政治的に公平であることという項目に繰り返し違反をした場合は、電波法に基づき、電波停止を命じる可能性に言及をした。この高市総務大臣の発言に対して、テレビ関係者は明らかな脅しであると受け止めていた。

衆議院選挙前の２０１４年12月には、自民党が各テレビ局に対し、選挙期間の報道の公正中立、公正の確保のお願いという内容の要望書を送ったのだ。政権側からこのような要望書を送られたら、メディアとしては放送内容に尻込みしてしまう可能性がある。

これらのことは、政権からメディアに対する明らかな脅しである。日本のテレビ局には独立性がなく、電波放送の認可は総務省から出ていて、その総務省が総理大臣の下にある以上、その放送内容が政権の意向に左右されやすいのだ。つまり日本は、テレビ局への政治介入が行われやすい構造的な問題があるのだ。

また、安倍政権のコアな支持者が、安倍政権を批判するメディアを敵視して、露骨に攻撃するようなことも行われた。２０１５年6月、作家の百田尚樹氏が自民党の勉強会で、沖縄県の琉球新報と沖縄タイムスの２紙はつぶしたほうがいいなどと発言したこともあった。

新聞に対する圧力のかけ方は、安倍政権とトランプ政権で最も似ている部分があるところだ。トランプ大統領は、ニューヨーク・タイムズなど自身に批判的なメディアをフェイクニュースと批判するが、安倍総理も朝日新聞を同じように扱っている。

朝日新聞の慰安婦報道に関して、安倍総理は「誤報である」という言い方を徹底している。2014年10月6月、衆議院の予算委員会で安倍総理は、朝日新聞の記事が国際社会における日本人の名誉を著しく傷つけたことは事実であり、誤報を認めたのだから、記事によって傷つけられた日本の名誉を回復するために努力をしていただきたいと述べている。これは、トランプ大統領が、「メディアはトランプ政権の敵というだけではなく、アメリカ国民の敵だ」と述べたこととダブってくる。

朝日新聞の慰安婦報道において誤報であったのは、吉田証言においてだけであって、慰安婦の存在そのものが誤報であったわけではない。しかしながら、実際には「朝日新聞誤報」というのが1つのミームになっていて、このミームを使って、朝日新聞の信用を徹底的に落とし、トランプ政権と同じように新しいストーリーをつくったのである。

どういうストーリーかというと、朝日新聞が慰安婦というウソを捏造し、そのウソを世界に広めたのであって、本当は慰安婦などいなかったというストーリーだ。このようなストーリーは、日本国内には気づかない人がいるのかもしれないが、残念ながら日本の中だけしか通用しないストーリーである。

さらに安倍総理は朝日新聞への攻撃をゆるめず、２０１５年２月５日、衆議院予算委員会で、「安倍政権打倒は、朝日の社是である」という発言をした。つまり、自身に批判的な朝日新聞は敵であるというレッテルを貼ったのだ。この考え方は、批判的なメディアを敵とみなすトランプ大統領のやり方と非常に似ている。

朝日新聞を叩くために慰安婦報道が利用された

安倍政権とトランプ政権の共通点は、メディアを誤報、フェイクニュースと攻撃することによって、政権側に都合のいい新しいストーリーをつくり出しているところにあるとは前述したとおりだ。

一方、味方の保守系、右派系のメディアは、安倍政権やトランプ政権、そしてその支持者たちの主張を宣伝し、時に敵対するジャーナリスト、メディアを攻撃したりしている。日本では、慰安婦報道に関して個人のジャーナリスト、元朝日新聞の植村隆記者が攻撃を受けたが、アメリカでも特定のジャーナリストが攻撃を受けており、その点もよく似ているところだ。

そうした当局の意を受けたメディアの報道によって、いま日本社会では、慰安婦は朝日新聞の誤報がつくり出した産物だという認識がかなり広がっていると思う。しかし、慰安婦はいなかったというのは真実ではない。

２０１４年8月5～6日、朝日新聞は慰安婦報道の「吉田証言」報道を取り消した。「吉田証言」とは、元日本兵の吉田清治氏の証言のことで、この吉田清治氏の証言を朝日新聞が虚偽と判断したわけだ。そこで、朝日新聞が取り消したのは、「吉田証言」絡みの13のニュース記事と3つの評論の記事、計16の記事だった。

しかし、それは、朝日新聞の慰安婦報道全体から見れば本当にわずかなものだった。当然、慰安婦の報道は、吉田清治氏の話だけに基づいているわけではない。例えば、植村隆記者が書いた慰安婦に関する記事は、吉田清治氏とは全く関係がないため、取り消しされていないのである。

また、吉田証言を報道していたのは朝日新聞だけではなく、読売も産経も毎日も報道していた。なぜ、正直に取り消した朝日新聞だけが叩かれるのか。メディア全体の責任なのに、朝日新聞だけが叩かれているのは明らかに不自然だ。つまり、朝日新聞を叩くために慰安婦報道が利用されているというのが実態なのだ。

実は、吉田清治氏の証言は以前から怪しいと思われていて、90年代に歴史学者の秦郁彦・元日本大学法学部教授が調べて、つくり話であったことが明らかになっている。その時点で明確に報道すべきだったとはいえるが、しかし、それも朝日新聞だけの責任ではなく、他の新聞社、メディアも同罪で、日本のメディア全体の責任である。

さらに言うと、世界的には、吉田清治氏のことは最初から注目されていないのだ。例えば、ニューヨーク・タイムズは、吉田清治氏のことを書いた記事は1つしかない。それも、秦郁彦先生のコメントを入れた、吉田清治氏の証言が疑問視されたという記事で、1992年8月8日のことだった。吉田清治氏の証言に基づいて書かれた記事も、これまでに1つもない。それほど、吉田清治氏は、世界的には影響力はなかったのだ。

世界的に、慰安婦の報道が何に基づいているかというと、元慰安婦の証言が圧倒的に多い。韓国やフィリピン、オランダなどの元慰安婦の方々の証言だ。例えばオランダ政府は、1993年には慰安婦の方々の聞き取り調査に基づいて報告書を出した。世界では、これら慰安婦本人の証言が慰安婦報道の基礎になっている。

２００７年、アメリカ議会で慰安婦に関して日本政府の謝罪を求めるアメリカ合衆国下院１２１号議決が可決された。私はその決議を書いたスタッフや下院議員らを取材したことがあるが、だれも朝日新聞を読んでいないし、吉田清治氏のことなどほとんど認識していなかった。それでは、１２１号議決が何に基づいているかというと、元慰安婦の方々の証言だ。韓国人２人とオランダ人１人の元慰安婦がワシントンに招へいされ、アメリカ下院外交委員会で証言したのである。

私が勤務していたニューヨーク・タイムズ東京支局にも電話がかかってきたことがあった。「朝日新聞は謝ったのに、ニューヨーク・タイムズはなぜ謝らない」という指摘である。それに対して私は、「謝る必要はありません。ニューヨーク・タイムズの記事は朝日新聞の記事とは何の関係もありません。ウチの記事の多くは、元慰安婦の方々をインタビューして書いた記事です」と答えた。（ちなみに、ニューヨーク・タイムズの歴代支局長で慰安婦についての記事をたくさん書いた人もいたが、私はむしろ、別の歴史問題に関心を持っていて、慰安婦についての記事をほ

とんど書いていなかった）

安倍総理は過去に、慰安婦の存在を認めようとしない姿勢を見せたことがあるが、いま、慰安婦の存在を認めようとしない人々は、戦争を経験していない世代がほとんどだろう。そんな戦後生まれの歴史修正主義者たちを信じるか、実際に被害を受けた慰安婦のおばあさんたちを信じるか。私は、慰安婦の方々を信じる人々が圧倒的だと思う。

慰安婦問題を世界に広めたのは、朝日新聞ではなく安倍政権だ

２０１４年８月、朝日新聞社は慰安婦報道の検証のため、朝日新聞社慰安婦報道検証第三者委員会をつくった。その委員の中の１人に、林香里・東京大学大学院情報学科教授がいた。

林教授は、日本の保守派が、慰安婦問題を世界に広げたのは朝日新聞だといっていることを、本当にそうなのかを検証した。林教授は、ニューヨーク・タイムズ、ワシントン・ポスト、ウォール・ストリート・ジャーナル、ザ・ガーディアンなど、世界の有力紙が慰安婦報道をした日付、朝日新聞が慰安婦報道をした日付を調べ、その２つに関連があるかを調べた。その報告書が「データから見る慰安婦問題の国際報道状況」である。結果、朝日新聞の慰安婦報道と海外のメディアの慰安婦報道

の間に関連性はないと結論づけている。

そして、林教授のデータで、海外の慰安婦報道の記事数が2006年と2012年にピークに達していることに注目が集まっている。2006年と2012年は、朝日新聞の慰安婦報道が特に多かった時期ではない。また、慰安婦に関する大きな出来事があったわけでもない。では、何があったかというと、2006年は第1次安倍政権誕生の年、2012年は第2次安倍政権誕生の年だ。

つまり、世界で慰安婦問題が注目を集めたのは、朝日新聞の報道とは関係なく、保守派の安倍政権誕生という日本の政治動向に関連しているといえるのである。2007年に、慰安婦に関して日本政府の謝罪を求めるアメリカ合衆国下院121号議決が可決されたのも、第1次安倍政権誕生を受けての動きからの出来事である。

しかし、安倍政権と安倍政権の支持者たちは、朝日新聞の吉田清治氏に関する記事の取り消しを最大限に利用して、朝日新聞の信頼性を攻撃した。「誤報の朝日」というミームまでつくられた。読売新聞は、自分たちは慰安婦関連記事に対する謝罪も取り消しもしていないのに、朝日新聞の慰安婦報道を批判する日本語版と英語版のパンフレットまで作成した。その内容は、朝日新聞は慰安婦の捏造を世界に広げたこと、反日運動がアメリカで広がったのは、朝日新聞の報道が背景にあり、朝日新聞が日本の名誉を傷つけたということだった。これはアメリカでいえば、ＦＯＸニュースがニューヨーク・タイムズの報道をフェイクニュースと決めつけ、攻撃することと同じといえる。

朝日新聞は、吉田清治氏の証言は虚偽であり、吉田証言絡みの報道は間違いであったと認めても、それ以外の朝日新聞のほとんどの慰安婦報道については正しかったと、吉田証言報道取り消しの翌日にでも主張するべきであった。いま朝日新聞はもちろん、他の新聞においても慰安婦報道をほとんどしなくなったのは、朝日新聞に対しての一連の攻撃が非常にうまくいったことの証左かもしれない。

日本のサラリーマン的ジャーナリストの問題点

２０１７年６月、言論の自由・表現の自由に関する国連特別報告者のデービッド・ケイ氏が来日して記者会見を行った。ケイ氏は「日本政府がメディアに圧力をかけている」などの内容の対日報告書を出している。そのケイ氏が会見で語った最も鋭い指摘は、日本のメディアの問題を、「各メディアの連帯の欠如」にあるとした点だろう。

まず大前提として、安倍政権下のメディアの状況は、アメリカのトランプ政権下のメディアの状況よりもずっと楽な状況にある。トランプ政権は、安倍政権の10倍、１００倍もむごいことをメディアに対して行っているからだ。

他の国も同様で、トルコでは何十人もの記者が当局によって逮捕、投獄されている。またメキシコでは、記者が麻薬カルテルによって何人も殺害されている。

一方、日本では、2014年12月10日に特定秘密保護法が施行されたが、この法律によっていまだ1人も摘発されてはいない。日本では、記者が逮捕、投獄されることも、ましてや殺されることもない。

私からすれば、日本は記者にとって天国のような所だと思う。にもかかわらず、なぜ日本のメディアは圧力に弱いのか、権力者に対する番犬の仕事を放棄するのかとデービッド・ケイ氏も不思議に思っていたという。

その疑問について、ケイ氏は「ｓｏｌｉｄａｒｉｔｙ（団結、連帯）」という言葉を使って説明した。

日本のメディアは「ｓｏｌｉｄａｒｉｔｙ」がない。つまり、横の連帯がないので分断されてしまうのだという。朝日新聞が攻撃されたときに、最も朝日新聞を攻撃したのは、保守派や右翼の政治勢力ではなく、なんと同業の読売新聞などだったことがそれを証明している。

アメリカの場合は、日本とは逆で、横の連帯が強く、そのためジャーナリスト同士の連携がある。ジャーナリストという専門職のアイデンティティやプライドも確立されており、もしニューヨーク・タイムズのジャーナリストが政権から不当な攻撃を受けたとしたら、思想的には対立するFOXニュースであったとしても、ジャーナリストとしての権利を守るためにニューヨーク・タイムズのジャーナリストを擁護するに違いない。

実は逆のケースが、オバマ政権のときに実際にあった。

司法省が密かにFOXニュースのジェームズ・ローゼンという記者のEメールや電話を調べていたが、この事実をスクープしたのが、ワシントン・ポストであった。アメリカの大手メディアは、ローゼン氏を支持し、司法省のやり方を批判したのだった。

一方の日本は、サラリーマンのジャーナリストで、まずは自分たちの組織を重視する会社人間である。だから、朝日新聞が攻撃されているときに、これ幸いと読者を奪おうとする読売新聞のような行動が出てくるのだ。

ちなみに、デービッド・ケイ氏の日本のメディアに対する批判部分は、日本のメディアではほとんど報道されなかった。ケイ氏は安倍政権を批判していたが、それは全体の２割ほどで、彼の８割がたの発言は日本のメディア批判だった。

日本のメディアは自分たちに対する批判を報道しない。自分たちに対する批判を報道できないならば、他人を批判する資格はないと私は思う。

ポピュリズムとナショナリズムに支えられたトランプと安倍

私が安倍政権がトランプ政権に似ていると感じるもう1つの理由は、怒りに満ちたポピュリズムから発生したナショナリストたちが政権を熱烈に支持している点だ。アメリカでは、このポピュリズムとナショナリズムの潮流がトランプ大統領を生み出し、トランプ政権を支える力になっている。

安倍政権にも攻撃的な右翼が味方についていて、特にインターネットの世界に多く、それは「ネット右翼」と呼ばれる。彼らが朝日新聞などのメディアを攻撃したり、慰安婦報道の植村隆記者といったような特定の個人を攻撃したりしているのだ。

ヨーロッパでも同じような現象がある。2016年にはイギリスでEU（欧州連合）を脱退すべきかどうかを問う国民投票があり、大方の予想を覆してイギリスの

ＥＵ脱退が決まった。

フランスでは、決選投票で敗れたものの、極右政党、国民戦線のル・ペン候補が大統領選で旋風を巻き起こした。いずれもその底流には、ポピュリズムとナショナリズムの隆盛がある。こうした動きは先進国のあちこちで起きていて、それは格差の拡大によって、社会の矛盾が明らかになってきたことが一因として挙げられるだろう。貧しい移民のなかからテロリズムが生まれ、移民排斥運動が大衆から巻き起こっている。

社会のなかで貧富の差が拡大してきているという点では、日本も例外ではない。日本も意外に貧困率が高いのだ。２０１７年、厚生労働省が発表した国民生活基礎調査の概況によると、２０１５年の日本の貧困率（相対的貧困率）は15・６％という。２０１２年の貧困率16・１％からは若干改善したものの、決してよいとは言えない数字になっている。貧困率とは、貧困線（貧困ライン）に満たない世帯人員の割合のこと。貧困線とは、統計上で生活に必要なものを購入するための最低限の収入を表す指標のことだ。

この貧困率によると、日本人の6~7人に1人は貧困の状態にあるということになる。2015年の貧困線は122万円（年額）である。

貧困率に関しては、最新のデータを基にすると、世界35カ国の先進国が加盟する国際機関のOECD（経済協力開発機構）のなかでは、日本より下にくるのが例えば、イスラエルの18・6%、トルコの17・3%、メキシコの16・7%、アメリカの17・5%となっている。上位では、デンマークが5・5%、フランスが8・2%、ドイツが9・5%などとなっている。

日本はつい最近まではみんな中流で平等だという神話があったが、いまは若干改善したとはいえ、格差が大きくなってきているのだ。格差拡大は、雇用形態における、正規雇用と非正規雇用の二極化によってもたらされている部分が大きい。同一労働同一賃金ではなく、正規と非正規の収入の差が2倍、3倍と広がっているケースも珍しくない。

女性労働者の6割近くが非正規雇用、男性も2割超が非正規雇用になっている。

こういった理不尽な状況に対する怒りがポピュリズム、ナショナリズムの原動力になっているのだ。

アメリカの場合は、イスラム教徒、またメキシコなどから入ってくる移民にその矛先が向かっている。そして、日本の場合は、在日コリアンや中国人にその矛先が向かっている。在特会（在日特権を許さない市民の会）などといった組織が登場してくるのも、その背景にはこういった事情があると考えられる。

メディアに対する不信感と結びついた新たなナショナリズム

アメリカが9・11のあと、イラク戦争（2003年）に進む決断をした大きな理由の1つが、イラクが大量破壊兵器を保有しているという情報だった。しかし、イラク戦争が終わっても、核兵器はもちろん、生物兵器、化学兵器といった大量破壊兵器は、イラクから何一つ発見されなかった。政府の「イラクが大量破壊兵器を持っている」という情報は、虚偽だったのだ。

ブッシュ政権側からの情報を受け、当時、ニューヨーク・タイムズは、イラクに大量破壊兵器があるという情報を流し続けた。ニューヨーク・タイムズはアメリカ政府の情報に完全に乗せられ、批判的な精神を持つことができなかったのだ。いまから考えれば、もっと政府の情報の裏を取る努力をするべきだったのだろう。

イラク戦争後、ブッシュ政権の虚偽が明らかになってから、ニューヨーク・タイムズは政府に対して批判的な論調をとり、イラク戦争前の報道姿勢や取材において、自分たちにもどのような問題があったのか検証、反省し、詳細な検証記事を掲載するなどもした。しかしこの一件によって、読者の信頼を大きく裏切ってしまったのは間違いない。

日本では、3・11東日本大震災（2011年）の原発事故のあと、メディアが政府の言いなりになり、政府側の発表、意向をうのみにして、原発から拡散する放射性物質の危険性を全く報道しなかったことがメディアへの大きな不信感を生む事態となった。当時の民主党政権は、SPEEDI（緊急時迅速放射能影響予測ネットワークシステム）による原発からの放射性物質の拡散予測情報を得ていながら、それを国民に知らせず隠していた。原発事故によって放出される放射性物質について、「直ちには健康に影響がない」と言い続け、メディアもそれに乗って報道し、御用学者らも全く問題ないと話していた。しかし実態は、政府内で東京から避難しなければならないシナリオを密かにつくるような危機的状況だったことが、あとからわかるのである。

以上のようなメディアの姿勢をきっかけにして、アメリカと日本でメディアに対する不信感が広がっていった。そしてその不信感は、格差拡大を背景に生まれてきた、エリートであるジャーナリストへの敵対心と結びつき、メディアへの敵視となっていった。自国の歴史についても、ジャーナリストたちは反国家的で本当のことを隠そうとしているという考え方をする人々も現れはじめ、それがナショナリズムやリビジョニズム（歴史修正主義）となっていく。このような動きは、日本だけではなく、アメリカ、ヨーロッパ、全世界的にあることだ。

また、メディアに対する不信感から、多くの人々がネット空間で情報を求めるようになり、ネット上のバーチャルなコミュニティが活況を呈した。そこでネット右翼の人たちは、2チャンネルやツイッターなどで、同じ意見の人のみと交流するようになり、異なる意見は無視し、自分たちと同じような意見だけを交換し合うようになった。その空間において、自分たちだけのストーリーを語り合い、自分たちだけが正しいのだという意識をより高めていく。この点も、日本だけではなく、アメリカやヨーロッパなど世界的に共通の流れだ。

例えば、このようなネット空間で共通認識となっている右寄りのストーリーといえば、「日本は太平洋戦争でアジアを解放しようとした正義の国であるのに、戦争に負けたことで、加害者になってしまった。本当は、日本の戦争は正義であり、日本は被害者なのだ」といったストーリーだ。もちろん、歴史を議論したり、見直したりすることは健全なことだと私も思う。しかし、あまりにも感情論に傾き、自分たちが信じているストーリーが絶対的に正しく、隠されている「真実」が別にあるのだとまで信じるのは、歴史というよりは、どちらかというと宗教に近い考え方である。

こうした国際的に容認されないストーリーを自分たちのなかだけで信じるということは、ある意味、危険な動きだ。日本が世界の常識から離れすぎると、１９３０年代と同じように、また孤立する危険性が出てくるのではないだろうか。

トランプ大統領はデマゴーグ的政治家、安倍総理は政治貴族

ここまで安倍首相とトランプ大統領の共通点を述べてきたが、両者の違いについても触れてみたい。

トランプ大統領は、アメリカ国内のポピュリズム、人々の怒りをうまく利用して大統領になった。人々が潜在的に持っていたメディアに対する不信、エリートに対する不信感に火をつける言葉を多用し、それは前述した「ドレイン・ザ・スワンプ（沼地をきれいにしよう）」などである。こういった言葉を使って、ワシントンの水の流れをせき止めていた〝堆積物〟、エリートたちやメディアを掃除しようと訴えた。これが現状を壊そうという強いメッセージとなり、トランプ支持が広範に広がった。このようにトランプ氏というのは、民衆を扇動する言葉を巧みに操るデマゴ

ーグ的な政治家だ。

一方の安倍総理は、基本的にポピュリストではない。戦後だけで見ても、岸信介元総理から3代目となる世襲議員で、日本における政治的な貴族である。安倍総理の政治的な支持基盤には、エリートに対しての怒りに燃え、日本の現状をぶち壊したがっている人たちもいるが、実際はその人々が中心ではない。祖父の代から綿々と培ってきた人脈、支持者を背景とした静かな支持が中心だ。2017年の総選挙後には、内閣支持率も一時回復したが、これまで安倍総理の支持率がそこそこ高かったのは、他に有力な競争相手がいないということによるものといえる。

二〇〇九年の政権選択選挙で民主党が大勝したことで自民党のベテランが多く落選し、その後、自民党が議席を取り戻したが、若い議員たちが多くなっている。自民党そのものの基盤が弱くなったともいえるが、自民党内に安倍総理と対抗できる人物が少なくなり、競争相手がいない状況が安倍総理を支えているという側面がある。

一時、小池百合子東京都知事が希望の党を設立した時点では、安倍総理の最大のライバルになるかと思われたが、その後、希望の党は反自民の有権者からの支持を急速に失い、安倍総理に対抗する大きな勢力には至っていない。

以上のように、安倍総理の強さというのは、相対的な強さということができるだろう。

一方でトランプ大統領の強さは、絶対的な強さである。つまり、トランプ大統領の支持層は、他にどんな政治家が現れてもトランプ大統領がいい、どんなスキャンダルがあってもトランプ大統領をどうしても支持するという、熱心な支持者たちだ。安倍総理には、トランプ大統領を担いでいるような現状をぶち壊そうとする熱狂的な支持者はそれほど多くいない。安倍総理は、その点ではトランプ大統領とは基本的に別のカテゴリーの政治家といえるのだ。

もし、日本の政治家でトランプ大統領に近い人を探すとすると、橋下徹・元大阪府知事、あるいは石原慎太郎・元東京都知事が当てはまるだろう。言葉遣いも巧みで、支持者を熱狂させるところがあり、大衆の心理をつかむことに長けている。トランプ大統領は、1980年代からビジネスマンとして注目を集め、テレビ番組のホストとしても人気を集めた。橋下氏も政治家転身前はテレビのバラエティ番組で人気だったし、石原氏は作家として一世を風靡した。2人とも大衆の気持ち、メディアの扱い方がよくわかる人物だ。そのため、橋下氏も石原氏も政治家時代、どこかポピュリスト的な匂いがしていたのである。

もう1つ、トランプ大統領と安倍総理の違いを挙げるとしたら、それは官僚との関係性だ。

トランプ大統領は、いまのところ行政機関をうまく運用できていない。2016年大統領選挙のときから2017年8月18日まで、トランプ大統領の側近には、ブライトバートのスティーブ・バノン会長という極端な考え方を持った人がいてサポートしていた。そのため、大統領の職務において、従来の官僚組織との軋轢を生んだこともあり、とにかくうまくいっていなかった。トランプ大統領自身が政治の素人であることも官僚組織を使いこなせていない一因だ。

一方で安倍総理は、官僚組織を基本的にはうまく使いこなしていて、むしろ官僚が安倍政権を支え、第2次安倍政権が長期政権となることを助けていると言っても過言ではない。安倍政権は既得権層をぶち壊すのではなく、既得権層が土台になっていて、既得権層を守るのが基本的姿勢である。だから経済では、大胆な構造改革であるアベノミクスの第3の矢がなかなか実施できずにいるのだ。

その点でも安倍総理とトランプ大統領は大きく違うといえるだろう。

安倍政権の機関紙となった読売新聞

これまで強い安倍政権に抑え込まれてきた感がある日本のメディアだが、２０１７年に入ってから大きな変化が出てきた。特に朝日新聞は再び、政権に対してより批判的な報道を行うようになり、日本のメディアが転換期に入ったような空気の変化を私は感じている。

２０１７年、朝日新聞はまず森友学園に関する報道を行った。森友学園問題は、大阪社会部の調査報道によるスクープだった。そして、その後に続く加計学園に関する報道。これは内部告発者からのスクープだった。この2つのスクープによって、安倍政権の屋台骨を揺るがしたのだ。久々に朝日新聞が存在感を発揮した印象を受けた。

森友学園報道、加計学園報道で、報道機関は権力者に対する番犬の役割をしっかりと果たしたのだ。

朝日新聞の最近の精力的な報道は、2014年に、朝日新聞が調査報道に力を入れる特報部を切り捨てたことが間違いだったとする見方が、社内的にも強くなってきたからではないかと考えられる。

また、トランプ政権に屈してアクセス権を求めず、正面から闘いを挑んだニューヨーク・タイムズやワシントン・ポストなどの世界の新聞が読者を増やし、経営面でも改善している事実も、朝日新聞の関係者を動かすモチベーションになったのかもしれない。頑張ってスクープを取れば、読者が支持してくれるということに、遅まきながら気づいたということだろう。このような兆候が見えてきていることもあり、私は日本のメディアの将来がすべて暗いわけではないと感じている。

政権と対峙してスクープの重要性に気づいたメディアもあれば、一方では政権べったりのメディアも存在する。政権と距離を置くメディアと政権に近いメディアでは、考え方が違う面もある。例えば、朝日新聞は加計問題で政権を攻撃したが、読売新聞は内部告発者とされる前川喜平・前文科省事務次官が出会い系バーに通っていたという政権からのリークと思われるゴシップのようなニュースを報じ、前川氏の人格を攻撃した。この出来事１つを取っても、読売新聞は完全に安倍政権の機関紙といえるだろう。

この出来事をアメリカの状況に当てはめると、朝日新聞がニューヨーク・タイムズに、読売新聞は「オルト・メディア」のブライトバートに当てはまる。伝統ある読売新聞が「オルト・メディア」と同じ立ち位置というのも情けない話といえなくもないが……。

いずれにせよ、安倍政権を批判するメディアと擁護するメディアが二極化している事象を見ると、アメリカと似た状況になってきたといえるのだ。

日本はまだまだリベラルな国である

トランプ大統領はアウトサイダーであり、安倍首相はインサイダーであるともいえる。トランプ大統領はアウトサイダーであるがゆえに、毎回毎回発言も変えるし、主張に一貫性がない。過激な発言もあり、何を言うかと周囲を心配させている。また、ＦＢＩと対立するなど、自分の国の官僚機構を敵視し、自らの政府と戦争状態にある。これでは国が混乱するのは当然だ。

一方、安倍首相は、トランプ大統領のようなでたらめさはない。安倍首相はプロの政治家であり、発言も落ち着いていて、しっかりした印象を与える。基本的に官僚制度を生かして国を運営している。トランプ大統領のように、変なことをするのではないか、おかしなことを言うのではないかと心配することはない。保守的な強いイデオロギーの持ち主ではあるが、でたらめなところがない点は重要だ。

そういう意味では、いまはアメリカよりも日本のほうがずっとましであるといえる。世界から見て、日本のほうが断然信頼性が高い。アメリカが信頼されない国になり、中国は何をしたいかよくわからない不気味な面がある。世界第3位の経済大国である日本の出番が、いま来ているのだと私には思える。

前述もしたが、世界的に、特にアメリカやヨーロッパで見ると左翼、リベラルは大きな政府を志向し、右翼、保守は小さな政府を志向している。リベラルと保守を区分する場合は、大きな政府を志向しているか、小さな政府を志向しているかで分けるケースが多い。その見方で言えば、大きな政府路線を取る安倍政権は、世界的にはリベラルな政権である。

そして日本にとって大きいのは、平和憲法の存在だ。現在、憲法改正論議が始まっているが、最新の自民党の動きでは、憲法改正について自衛隊を以前の草案（自民党2012年草案）にあったような国防軍とするのではなく、自衛隊のままの名称で、戦力不保持と自衛隊設置を両立させる狙いで改憲案をつくる方向性という。

もちろん、自衛隊が戦争に参加するようなことになれば別だが、もしいまの自民党の新しい動きのとおりの流れで改憲案がつくられれば、仮に憲法改正があったとしても、新しい憲法も平和的な憲法になる。自国の軍隊に制限をかけているという点では、日本は世界的にはまだまだリベラルな国といえるだろう。

第５章
メディアと権力者の未来はどうなるか

メディアへの不信が招くポスト真実の時代

現代は、「ポスト真実の時代」と言われている。ポスト真実の時代とは、真実や事実が重視されない時代のことであり、事実かどうかということよりも、個人の願望や信条、感情のほうに重きを置く時代といえる。ある事象が事実かどうかよりも、それが人々の主義主張や願望などにどれだけ強く訴えかけるかで、それがあたかも事実かのような力をもって、世論が形成されていく風潮のことだ。

特にネットでは、自分が何を見るかを選び、好きな情報だけにしか触れなくなっている。同じ価値観の人々がネットでコミュニティをつくり、他の価値観のグループとまったく交わらなくなってきている。自分が信じたい主義主張の世界に入り込み、外の世界の真実や事実には向き合わず、自分だけのストーリーに浸りきってしまうと、ネットの虚構の世界が真実、事実であるかのような倒錯に陥ってしまう人も多いのだ。

アメリカでは、ネットの空間がこのようにいくつか狭いコミュニティに分かれてしまっていることを「new tribalism（新トライバルイズム）」と皮肉を交えて呼んでいる。トライバルイズムというのは、人類学などの専門用語で、人類の原始社会の構造が部族に分かれていて、人間はそれぞれ自分の部族へ忠誠心を持つという意味である。つまり、新トライバルイズムというのは、ネットユーザーたちがそれぞれの部族に分かれ、自分の部族への忠誠心を持っているという状況を表している。

世界的なコンサルティング会社のエデルマンが、２０１６年に行ったアンケート調査がある。「政府・大企業・メディアを信頼しますか？」という問いに対する答えは、アメリカのインテリ層では、「はい」が64％、逆にアメリカの非インテリ層では、「はい」が45％だった。イギリスの場合は、インテリ層では、「はい」が57％、非インテリ層では、「はい」が40％と同じような傾向にある。非インテリ層＝一般大衆が政府・大企業・メディアを信頼していないという結果であり、インテリ層と非インテリ層の間には、意識に大きなギャップがある。

そして日本は、インテリ層では、「はい」が49％、非インテリ層では、「はい」が34％となっている。インテリ層のほうが非インテリ層より比較して高いのは同じだが、両方共に数字が低いのが日本の特徴だ。日本よりも数値が低いのは、ロシアとポーランドのみで、ロシアは、インテリ層の「はい」が45％、非インテリ層の「はい」が31％になっている。

世界的に特に非インテリ層の政府・大企業・メディアへの信頼度が低下していて、さらに日本においては、インテリ層、非インテリ層共にその信頼度が諸外国より低い。日本は、既存メディアへの不信感から、インターネットの新メディアへの依存度が高くなりやすい環境にあるともいえる。

一方で、インターネットに対する不安感を示すデータもある。国際機関の世界経済フォーラム（ワールド・エコノミック・フォーラム）の世論調査のデータによると、「ネット上の個人データが守られていると思うか？」という設問に対して、半分が「いいえ」と回答している。「自分自身の個人データを守る権利を求めるか？」

という設問には、71％が「はい」と答えた。多くの人が個人データの扱いに不信感を持っているようだ。

また、同フォーラムのアメリカのネットユーザーに対する調査では、「ソーシャルメディアをやめたことがある」という人が31％、３人に１人に上っている。中国では、70％のネットユーザーがソーシャルメディアをやめた経験があるという。ブログ、ツイッター、フェイスブックなどを実際にやめたというのだ。個人データに関する不安が主な理由だと思われる。それほど、個人データを悪用されたり、またその危険性を感じたりした人が多いということだ。中国の場合は政府による介入、アメリカの場合は個人データを売買する企業の存在がこのような不安の要因となっているのだろう。

さらに、さまざまな国のネットユーザーに対し、ネット検索の際のブラウザ（サイトを閲覧するためのウェブブラウザ＝インターネットエクスプローラーなど）について、「ブラウザを信頼するか？」という問いには、「はい」40％、「いいえ」60％。「ソーシャルメディアのオンラインコミュニティを信頼するか？」という問いには、「はい」39％、「いいえ」61％だった。

世論調査からは、既存メディアへの不信感もあり、ネット利用、ソーシャルメディア利用が増えていく傾向にあることがうかがわれる。しかしそのことが、1つの価値観に染まったコミュニティのなかに人々が閉じこもることを可能にし、真実と事実をないがしろにするポスト真実の時代を生み出す背景となっている。加えて、個人情報に対するセキュリティへの不安といった新たな問題も引き起こしているといえるだろう。

SNSの信頼性を取り戻そうとする新しい動き

世界経済フォーラムが明らかにした統計によると、2016年時点、全世界で約34億人がインターネットを利用しているという。現在、世界の人口約70億人の半分に当たる人たちが、PC、携帯、iPad、スマートフォンなどを使ってインターネットを利用しているのだ。

世界34億人のネットユーザーの人たちが、ネット上で過ごす平均的な時間は1日約6時間という。つまり、1日の4分の1をネット上で過ごしているのだ。そして、将来的にはネットユーザーは増加し、ネット上で過ごす時間もますます増えていくと見込まれている。

世界経済フォーラムの別のリポートを見ると、2016年から2026年の10年間に、インターネットによって、新しいビジネスがどれだけ生まれるかというと、10兆ドルと試算されている。1ドル＝110円で計算すると、1100兆円の規模である。

また、アメリカのコンサルティング会社、マッキンゼー・アンド・カンパニーによると、2014年における2国間、または多国間のネット上、デジタル上の取引の総計がどれぐらいになるかというと、2兆8000億ドル（約280兆円）という。世界のGDPの総計は30兆ドル（約3000兆円）なので、その1割がネット上、デジタル上の取引によるものになっているのだ。

つまり、インターネットはもはや我々の日々の経済活動において、またマクロ経済においても欠かすことのできないものになってきているのだ。インターネットの世界にはさまざまな問題が存在し、社会を悪い方向に向かわせる危険性もあると言われるが、それでもそういった課題を1つ1つ解決して、インターネットの世界を今後も発展させていくことが求められている。

インターネットにおける大きな問題の1つに、「トロール（荒らし）」という行為がある。人に対する嫌がらせをインターネット上で行うものだ。

自分が気に入らない相手に対し、ネット上で嫌がらせをしたり、攻撃したりする。そういった行為によって、多くの人がツイッターやインスタグラム、フェイスブックなどのソーシャルメディアの使用を停止されている。世界経済フォーラムの調査でソーシャルメディアをやめた人数が多いことが明らかになったが、その理由にはトロールによるものもあるのだ。

ニューヨーク・タイムズによると、アメリカでソーシャルメディアを使っている10人のうち4人は、嫌がらせや攻撃に悩んだことがあるという。個人を攻撃して悪意をまき散らすトロールで、被害を受けた経験があるのだ。政治的な立場の違いにおいては、特に激しいトロールが行われる。それはときに、容姿や性格を含めた人格的な攻撃であることもある。

ツイッターやブログの創設者の1人であるエヴァン・ウィリアムズ氏は、「いま、インターネットは壊れている」と語っている。しかしソーシャルメディアでは、このようなトロール行為や極端な発言、行為が注目を集めてしまうのだ。例えば、ブログでは刺激的な内容を書くことでランキングが上がったり、ツイッターでは極端な発言をすることによってフォロワー数が増えたりする。ユーチューブでは、危ない動画をアップすることで視聴回数やチャンネル登録数が増えたりする。刺激的なことを書く人、極端なことを言う人、危ないことをする人の注目度が上がり、そこから広告収入などの経済的な利益を得ている人もいる。

そのようなより刺激的なものを求めるSNSユーザーによって、フェイクニュースが増えているという一面もある。フェイクニュースは、非常にセンセーショナルであり、刺激的な内容が多いので、ソーシャルメディアで注目を集めたい人たちが発信、拡散をさせていく。

トランプ政権の支持者の1人である、前出のブロガーのマイク・セルノビッチ氏は、フェイクニュースや刺激的な内容の情報をソーシャルメディアで流して注目を集めた1人だ。彼がソーシャルメディアで流すものは、それが正しいかどうか、信頼性があるかどうかより、読者の目を引くかどうかを計算しているらしい。いまやソーシャルメディアはそういう不確かで危ういものになっているということを、エヴァン・ウィリアムズ氏は指摘しているのだ。

そこで、エヴァン・ウィリアムズ氏が考えた新しいSNSが「Medium（ミディアム）」である。刺激性ではなく、もう少し違う信頼性などの尺度を使ってニュースにランキングをつけていく。少し地味だが、センセーショナルになりすぎないように、刺激的な内容のものに得をさせないようにという開発者の意図を反映した新SNSだ。

現在、「Medium（ミディアム）」は1カ月約6000万人が利用している。フェイスブックはすでに月間利用者数が20億人を突破しているので、それと比較するとまだまだだが、ソーシャルメディアの信頼性を取り戻そうとする取り組みとしては、新しく注目されるものと言っていいだろう。

これから私たちは、DQを高めなければならない

最近ではインターネットの情報を適切に扱う能力として、「DQ」という言い方がされるようになっている。頭のよさを表すIQに対して、DQはデジタルに関する知識や判断力を表す数値で「デジタルIQ」の意味である。別の言い方をすると、「デジタル・メディア・リテラシー」ともいえる。メディア・リテラシーのデジタル版である。

ソーシャルメディアなどで流れているデジタルのニュースに関して、しっかりと選別して判断できる能力のことだ。メディア・リテラシー教育と同じように、これからはデジタル・メディア・リテラシー教育が必要になるといわれている。

DQを高めるためにいちばん重要かつ簡単な方法が、情報のその発信源がどこで

あるかを常に意識するということだ。インターネットを使う場合、みな最初にポータルサイトに入る。多くの人はヤフーやグーグルのポータルサイトに最初に入るだろう。そのポータルサイトには、さまざまな記事や動画が集められて掲載されている。しかし、それは玉石混交になっていて、記者が取材したニュースもフェイクニュースも企業が物を売るためにつくった宣伝も一緒になって掲載されている。しかし、ほとんどの人はそれに気づいておらず、掲載された情報はすべて同じ価値のものととらえてしまうことがある。それが大きな間違いだ。本来は、その情報がどこからの情報かを見なければならない。情報源によって、情報の価値は全く違うということを知っておく必要がある。

ヤフーのポータルサイトを見ると、ＡＰ通信や共同通信、朝日新聞やバズフィードなどの記事がある一方、聞いたこともないようなメディアや、名もなきブロガーの日記、つぶやきまで、並行して掲載されている。その情報を、どんな会社が発信しているか、だれが発信しているか、それを常に意識しなければならないということだ。それが、デジタル・メディア・リテラシーの最も基礎の部分だ。

小説を買うときも、その小説をだれが書いたかで購入を判断するはずだ。村上春樹の書いた新刊だから、多くの人は買うのだ。安部公房や谷崎潤一郎の小説なら、読む価値があるに違いない。それと同じように、情報の信頼度を測る際には、だれが書いたかで判断するべきだ。例えば、実績のあるジャーナリストや、しっかりと取材をしている通信社、新聞社からの情報なら、まず信頼できるだろう。

アメリカの場合は、大手メディアも記事はほぼ署名入りで、だれが書いたかわかるようになっている。日本の場合はまだまだ署名記事は少ないため、どのメディアに掲載された記事かで判断することが多くなるが、アメリカではだれの書いた記事かで判断する流れができあがっている。その発信者の個人が信頼できるか、そのメディア会社が信頼できるかで、判断していくのである。

いま、日本も徐々にではあるが、ジャーナリスト個人を重視する時代になってきていると感じる。だれもが容易に情報発信できる現代、真偽不明のさまざまな情報が氾濫しているが、このようなときこそしっかりとした取材を基にした情報発信が、メディア各社、ジャーナリスト個人のブランド力を高めていくことになるはずだ。

日本に信頼に足る新メディアがなかなか生まれなかった理由

企業や個人のブランド力が大事だといっても、すべての新しいメディア、名前が売れていないすべてのジャーナリストがダメということではない。新しいメディアでも信頼に足る素晴らしいメディアは存在するし、まだ無名でも素晴らしいジャーナリストはいる。

新しいからといってすべて切り捨てるのではなく、時間があるときでも、新メディア、初めて名前を聞いたジャーナリストの記事を読み、自分自身でそれが信頼に足るかどうか判断してほしい。自分がよく知っている分野の記事があったら、それを読んで自分なりに選別することはできるはずだ。

３・11や９・11のような大事件が起きてしまった場合は、メディアやジャーナリストを区別したり、情報の真偽を判断する時間はないので、平和なときにこそ、いざというときにどの新メディアが信頼できるか、だれが信頼できるかをチェックしておいたほうがいいだろう。

ネット時代の1つの特徴は、だれもが情報を発信できる時代になったということだ。朝日新聞、読売新聞、TBSなどの大手メディアだけではなく、だれもが自分が思ったこと、自分が持っている情報を発信している。何百万人、何千万人の声がネット上にはあるのだ。そのなかでだれの情報を信じるかは、やはり相当に難しいことだろう。

大手メディアに対する不信感が広まっている一方で、情報過多になりすぎたこの環境において、やはり既存メディアのプロのジャーナリストのほうが信頼できると考える人も増えてきている。

例えば、現在、ニューヨーク・タイムズのサイトを見ている人が急増しているという現象が挙げられる。ニューヨーク・タイムズのサイト閲覧者数は1カ月で約7290万人に上っている。それだけの個別ユーザーがいるのだ。紙の新聞の発行部数のピークは1990年代半ばのことで、約120万部だった。それと比較すると、現在は、紙の新聞の時代の約60倍のユーザーがいることになる。

ネットの有料購読ユーザーは、前述したように約220万人なので、ネットの有料購読ユーザーだけを見ても、紙の時代のピークと比較して2倍近くになっている。史上かつて、ニューヨーク・タイムズがこれほどまでに読まれた時代はない。まさにいま、黄金時代が来ているともいえるのだ。

もちろん、これはニューヨーク・タイムズに限ったことではない。同じ現象は、ワシントン・ポスト、イギリスの大手新聞ザ・ガーディアンやエコノミスト誌でも起きている。

一方、ネット系の新メディアのなかにも信頼感を高めて大きく支持を広げたところもある。それが、前述したプロパブリカやバズフィードなどといった新メディアである。アメリカでは、こうしたネット新メディアが次々に誕生し、ブランド力をアップしている。例えば、2016年に、Axiosという、政治などに関して短くて鋭い、しっかり取材した記事を発信する新メディアができたが、1年間しか経っていないのに、もう全米で注目されていて、インテリ層の間で人気を得ている。しかし、日本では、ネット新メディアがアメリカほどには増えておらず、またブランド力を獲得できていないことが1つの特徴かもしれない。

日本では、3・11東日本大震災のあと、特に最初の約半年間は、既存メディアが政府発表をそのまま流すだけで、放射能汚染の深刻さや広まりについては報道しなかった。それに日本の読者、視聴者の多くがおかしいと気づきはじめ、結果として人々のメディアに対する不信感は爆発的に増えることになった。既存メディアが信頼を失い、それに代わる新メディアも政府発表を疑問視するような報道を行って存在感を発揮することができなかった。それが、3・11というメディアが活躍できる大きなチャンスがあったにもかかわらず、日本でいまだに新メディアがブランド力を獲得できていない理由なのではないだろうか。

しかしそのような状況のなかで、市民を中心とした動きがあったことは特筆すべきだろう。原発事故のあと、市民が放射能を測定する「みんなのデータサイト」、「子どもを放射能からまもる会」、「子どもたちを放射能から守る全国ネットワーク」

などの新しいサイトが次々と立ち上がったのだ。既存メディアは信頼できない。とはいえ、信頼できる新しい情報源を提供してくれるネットの新メディアもない。それなら、自分たちで放射能を測ろうということで新しいサイトを設立する動きがあったのだ。

そして近年、いよいよ日本でも信頼に足るような新メディアが動き出しはじめている。2013年にアイ・アジア、2015年にバズフィード・ジャパン、同じく2015年にワセダクロニクルが設立された。

調査報道を掲げる新メディアの出現

現在アメリカでは、トランプ大統領の出現によって大手既存メディアが活況を呈している。トランプ政権との対立によって、政権から情報遮断されていることもあり、大手新聞やニュースサイトは独自取材を重ねる調査報道を精力的に行ってスクープを連発し、多くの読者の支持を得ているのだ。メディアはジャーナリズム本来の権力者を監視するという役割に回帰し、調査報道に力を入れることで復調しているといえる。

調査報道を重視する動きは、そもそも1970年代からアメリカには起こっている。調査報道を掲げる新メディアが、1970年代、非営利団体（NPO）、またはそれに近い団体として設立されはじめているのだ。基本はNPOなので営利活動はせず、広告を出す企業からの圧力もなく、公的な存在として活動している。それらのメディアが権力者への監視を行い、問題点を調べ上げ、真実を提供してきた。調査報道によって、読者や社会に貢献することを目指してきたのだ。

このモデルに弱みがあるとしたら、それは募金またはスポンサーに頼るということである。現在は、大富豪が社会に貢献するため、NPOのスポンサーになり、優秀なジャーナリストの給料や、調査報道というとてもお金がかかる取材の経費などを負担しているというケースが多い。例えば、前述したプロパブリカという調査報道のNPOは、Herbert Sandler（ハーバート・サンドラー）とMarion Sandler（マリオン・サンドラー）という、銀行をつくり起業家として成功した夫婦が、毎年1000万ドルを出しているといわれている。

最初にできた調査報道の非営利団体が、1975年に設立された調査報道記者・編集者協会（IRE＝インベスティゲーティブ・リポーターズ・アンド・エディターズ）という団体で、NPOではなく協会にあたるが、非営利の組織である。ミズーリ大学ジャーナリズム大学院内に事務局が置かれ、大学のサポートを受けている。

この団体は、取材の技法に関する訓練のレベルが非常に高く、記者をスキルアップさせる教育プログラムに定評がある。データ分析や科学捜査の技法を取り入れて、新人記者などのトレーニングを行っている。

ＮＰＯとして初めて登場したのが、１９７７年に設立された調査報道センター（ＣＩＲ＝センター・フォー・インベスティゲーティブ・リポーティング）である。最近では、「リヴィール（暴露）」という名称を使って活動していて、ネットで検索する場合は、「revealnews. org」である。現在は約60人の記者・編集者を抱え、寄付制で運営されている。

ＣＩＲの創設者３人のうちの１人に、ローウェル・バークマン氏がいる。バークマン氏は、タバコ会社がニコチンを極秘裏に増やしていることを調査報道によって暴露したことで知られている。この実話がラッセル・クロウ、アル・パチーノが出演した映画『インサイダー』で描かれている。

また、ＣＩＲは１９７０年代には、アメリカで禁止された殺虫剤を発展途上国に輸出し、その殺虫剤を使ってつくられた農作物をアメリカが輸入し、結局、アメリカ人が禁止された殺虫剤を口にしているという事実や、ソビエト連邦（当時）や欧州、アメリカの海軍が、原子力潜水艦や原子力空母などで起きた原子力事故を非公開にしている疑惑を調査報道で追及した。ニューヨーク・タイムズの雑誌『ニューヨーク・タイムズ・マガジン』や、雑誌『マザー・ジョーンズ』が、ＣＩＲの報道を後追いして、ジャーナリズムの賞を取っている。

日本関連では、１９８６年に出版された『Ｙａｋｕｚａ』という書籍がある。これは、デヴィッド・カプラン氏とアレック・デュブロ氏という2人の若い記者が実際に日本で取材して執筆したもので、日本のヤクザ、右翼、財界、自民党、国家権力の密接な関係性を明らかにした、日本のタブーを扱った本だった。この取材の費用を出していたのがＣＩＲだった。

ＣＩＲは、テレビ番組の制作も行っていて、２００５年には、アメリカ政府がアメリカのネットユーザーのデータを監視しているという報道を行った。元国家安全保障局（ＮＳＡ）、元中央情報局（ＣＩＡ）のエドワード・スノーデン氏が、アメリカ政府が全世界的なインターネットの傍受活動を行っていてデータを監視していると暴露したのが2013年だから、その8年も前に警鐘を鳴らしていたのである。

そして1997年には、国際調査報道ジャーナリズム連合（ICIJ）というNPOが立ち上がった。世界各国のジャーナリストが所属する団体で、65カ国190人のジャーナリストが加入している。このNPOは2016年にパナマ文書の存在を公表し、税金逃れをしている世界中の政治家、企業人などの実名を暴露したことで有名になった。

2003年に設立されたNPOが、世界調査報道ジャーナリズムネットワーク（GIJN）で、前出の『Yakuza』の著者、デヴィッド・カプラン氏が同NPOの事務局長を務めている。このNPOは、調査報道を行う新メディアの団体や会社が組織単位で加盟するシステムになっていて、世界145の組織が加盟している。

カリフォルニア大学バークリー校では、2006年に、調査ジャーナリズムプログラム（IJP＝インベスティゲーション・ジャーナリズム・プログラム）をつくった。前出したIREもミズーリ大学のサポートを受けているが、これは大学が主体となって調査報道をサポートしていこうという新しい試みである。前出のローウェル・バーグマン氏が設立し、大学をベースにすることで、既存メディアができない分野に関する調査報道をするという新しい動きといっていいだろう。スタッフは9人と小規模だが、現役の記者に調査報道の1年間の活動費を提供するサポートを毎年2～3人に行っている。そんな、先進的な試みも実施しているのだ。

そして、新メディアながらMSM（主流メディア）に属するプロパブリカは、忘れてはならない代表的な存在だ。プロパブリカもNPOで、2007年に元ウォール・ストリート・ジャーナルのポール・スタイガー編集局長が創設者の1人となって設立した新メディアだ。このプロパブリカは、世界中の調査報道を目指す新メディアやジャーナリストから、成功例のスタンダードとして目標とされている。それは、2010年にネットメディアとして初めてピューリッツアー賞を受賞し、これまで計4回ものピューリッツアー賞を受賞しているからだ。現在は34人のジャーナリストがフルタイムで働いて、調査報道のみの取材活動を行っている。前出した2人の富豪が毎年1000万ドルを寄付しているので、活動資金は問題なく、記者は調査報道の仕事のみに専念できる。ものにもよるが、1つの調査報道に日本円で1000万円単位の金額をかけられるほど豊富な資金力を持つといわれている。

ニューヨーク・タイムズやウォール・ストリート・ジャーナルでも調査報道はできるが、記者たちは企業や行政のメディア会見や、事件や事故など日々のニュースもあり、それらの原稿を書かなければならない。自分の調査報道取材は、その合間をみて行うことになるが、プロパブリカでは調査報道の取材、執筆だけを行えばいいので、記者にとってはまさに天国のような場所である。そんなプロパブリカは、ネットメディア、新メディアの開拓者といえるだろう。

世界に広がる
非営利のネットメディアというモデル

こうしたアメリカで生まれた非営利のネットメディアは、新メディアのモデルとなり、それが世界的に広がってきている。

東アジアでは、韓国の「ニュースタパ（ニュース打破）」がその1つだろう。李明博政権（2008〜2013年）のとき、政権側がKBSや聯合《れんごう》ニュースなどの支配を強めようとしたことで、ジャーナリストが解雇されたり、政府の支配に反発したジャーナリストが自ら辞めたりしたことがあった。このときの李明博政権対ジャーナリストの闘いのなかで、8人のベテランテレビジャーナリストたちが、自分たちの新しい報道機関をつくろうと立ち上げたのがニュースタパである。現在は約30人のスタッフが働いている。そして、週2回ネットで動画を配信している。

ニュースタパは、組織としてＧＩＪＮに２０１４年から加盟している。また、ニュースタパのジャーナリストが個人でＩＣＩＪに登録している。そして、ＩＣＩＪのメンバーとして、盧泰愚元大統領の長男が租税回避地にゴーストカンパニー3社を設立していたことを、パナマ文書の内部資料から明らかにした。

台湾では調査報道のことを「深度報道」というが、台湾にも深度報道専門の非営利団体「報導者」ができている。ＩＴ企業の社長が日本円で約１５００万円を寄付してつくった組織である。台湾の漁船が、インドネシアの労働者を奴隷状態に近い労働条件で酷使していた実態を暴露するなどの実績を挙げている。

日本では、調査報道のネットメディアの非営利団体としてもっとも注目されているのがワセダクロニクルだ。早稲田大学ジャーナリズム研究所が運営し、運営資金はクラウドファンディングで集め、５００万円以上の寄付金を集めたという。２０１７年6月には、日本の組織として初めてＧＩＪＮに加盟した。

このワセダクロニクルを運営しているのが2人の記者で、２人とも元朝日新聞特報部出身である。１人は、渡辺周氏、特報部時代には、製薬会社から医師に裏金が流れ、医師が患者にその製薬会社の薬を処方していたという調査報道を行った注目の記者だった。２０１４年に「吉田調書」の記事が取り消しになり、特報部がスケープゴートにされて骨抜きにされたとき、朝日新聞を辞めてワセダクロニクルをつくった１人だ。そのときに、サポートしたのが早稲田大学の花田達朗教授だった。

２人の記者のうちもう１人は、２０１７年に加入した木村英昭記者だ。「吉田調書」の記事を書いた、朝日新聞特報部のエース記者だった。特報部の事実上の解体によって、特報部を辞めさせられ、朝日新聞社内では記者の仕事ではなく事務的な仕事をさせられていたという。いまは、ワセダクロニクルの２人目のジャーナリストとして活動している。

２人は、「朝日新聞では、もう調査報道はできない」という趣旨のことを語っている。そして、新メディアで調査報道の可能性を追求する道を選んだのだ。

90年代からほとんど変わらない硬直した日本のメディア界

もし1990年に、一般的な日本人に日本のメディアに対する次のような質問をしたとしたらどうだっただろう?

「現在の日本を代表するクオリティー・メディアをいくつか挙げてください」という質問だ。すると、例えば、こんな答えが返ってきた可能性が高いのではないだろうか。「朝日新聞、読売新聞、毎日新聞、日本経済新聞、共同通信、NHK……」と。いま、同じ質問をしても、全く同じような答えが返ってくるに違いない。

そして、これをアメリカで行ったとしたら、全く違う結果になるだろう。1990年にはなかったが、いまは回答されるであろうメディアとして、ネット新メディアのプロパブリカが挙げられる。前出のパナマ文書のICIJもある。また、保守系のFOXニュース、ネット新メディアのバズフィードなども挙げられる可能性が高い。

つまり、1990年に聞かれた答えと、現在聞かれる答えが同じということはあり得ないのだ。アメリカのメディア産業は、この約30年間で完全な進化を遂げた。その一方で、日本はまったく変化していないのが現状だろう。

しかし日本も、アメリカのメディア界が進んできた方向に変化せざるを得ないだろう。新メディアが読者、視聴者の信頼を得れば、既存メディアの存在価値は相対的に減少し、業界地図は激変することになる。朝日新聞にとっては、いま、ワセダクロニクルのような新しいメディアがいちばん怖いだろう。

元朝日新聞特報部の渡辺周氏、木村英昭氏は、新メディアの新しい可能性を求めて朝日新聞を辞めてワセダクロニクルに移籍した。また、同じく特報部の次長だった宮崎知己氏も新メディアではなく会員制雑誌ではあるが、調査報道を中心にした「FACTA」に移籍している。調査報道に対して情熱を感じている記者たちは、朝日新聞を退社し、調査報道ができる環境を求めたのである。

高い志を持った記者にとって最大のモチベーションになる調査報道ができない環境で、優秀な記者たちが次々と辞めている。もし、この流れが長期化したら、朝日新聞にとって致命的になる可能性もあるのではないか？　朝日新聞の将来は大丈夫かと心配になるのは私だけではあるまい。

日本における調査報道ジャーナリズムと記者クラブジャーナリズムの相克

２００５年ごろ、アメリカのニューヨーク・タイムズ本社に、当時、朝日新聞の幹部だった吉田慎一氏（現テレビ朝日取締役）が訪れた。ニューヨーク・タイムズがネット時代にどう生き残ろうとしているのかを調べるために来たのだ。吉田氏はそこで、通常のニュース報道よりも、調査報道と評論の２つがより重要ということを確信したという。

そして吉田氏は２００６年、朝日新聞のエース記者で当時編集局長だった外岡秀俊氏に、調査報道を専門に行う特別報道チームの設立を託した。吉田氏は２００８年、高知新聞から依光隆明記者をヘッドハンティングし、依光氏を特別報道部の初代部長に抜擢した。

2012年、木村伊量社長（当時）は、朝日新聞は記者クラブジャーナリズムから脱皮して、オンリーワンの調査報道にもっと力を入れていくという決意をその年の所信として発表していた。

そして特別報道部で、依光氏が東日本大震災の東京電力福島第一原子力発電所事故と原発をテーマにした調査報道連載「プロメテウスの罠」を始めた。この「プロメテウスの罠」は、2012年度の日本新聞協会賞など数々の賞を受賞した。その後、「手抜き除染」の一連のスクープが2013年度の日本新聞協会賞をまた受賞。そして2014年、福島第一原子力発電所の事故当時の所長だった吉田昌郎所長が政府事故調に応じた非公開の聴取記録「吉田調書」を入手して公開するスクープもあった。しかしこの記事は他のメディアからも誤報であると批判され、同年9月に取り消しになってしまった。私の感覚では、所長命令を意図的に無視して原発を撤退したという主旨の見出しについては少し問題があったとは思うが、取り消しにされるほどの記事では決してなかったと考えている。

結局、特報部が慰安婦報道の取り消し問題のスケープゴートとなり、この「吉田調書」の記事取り消しなども原因で、事実上解体されることになってしまった。特報部は名目上は残っているが、骨抜きにされて、注目されていた福島の原発事故に関しての調査報道さえできないようになってしまったのだ。

これに関しては、朝日新聞社内で、調査報道を重視する姿勢に反対する勢力が存在していたと推察することができる。調査報道が行われると、記者クラブジャーナリズムにとっては邪魔になるのだ。記者クラブでは、記者らはインサイダーな立場を利用して、役人や政治家らとの人間関係、人脈を営々と築き上げていく。そしてある程度の時間をかけて情報を得ていくのだが、特別報道部の調査報道のスクープ内容によってはそれらの人脈が一気に崩れてしまうことになる。すると、今後の記者クラブジャーナリズムの仕事がうまくできなくなるのだ。

役所などに記者クラブを持つ朝日新聞をはじめ、日本の大手メディア、そしてその記者たちは、日本の官僚制度のインサイダーそのものだ。官僚体制の一部であり、宣伝機関の役割を果たしている。そういったインサイダーとしての特権的地位はどうしても失いたくないのだ。

しかし、こうした問題は、何も日本だけのことではない。アメリカにも同様の問題は存在する。政権にアクセスできる特権を活用し、そこから得た情報を疑うことなく、そのまま報じるということはアメリカにおいてもあることだ。

このようなアクセスジャーナリズムによって、政府や軍に対する批判的な報道、政権から自立した報道が不十分であるという批判は、アメリカ社会において、これまでニューヨーク・タイムズなどのＭＳＭに対して常に向けられてきた。

そのため、アメリカでは、アクセスジャーナリズムに陥らないよう、メディアの側で自己規制をかけてきたといえる。

しかし、日本の場合は、アクセスジャーナリズムに対する問題意識が薄く、それを批判するメディアもあまりない。当局との癒着が記者クラブによって組織化されて、アクセスジャーナリズムが当たり前のようになっているといえるだろう。アメリカが抱える問題と同類ではあるが、それが極端に行き過ぎているのが日本の現状と思える。

一方で、調査報道を行うということはアウトサイダーの行為である。記者は権力内にいるのではなく、読者側に立った権力に対する番犬でなければならないだろう。

しかし、記者クラブジャーナリズムを土台にした朝日新聞などの全国紙は、基本はインサイダーである。このインサイダーの立場を捨てなければ、本当の意味での権力を監視する番犬になるのは難しいのである。

いまなお朝日新聞などの全国紙には、質の高い報道をしたいと考える記者たちが存在する。朝日新聞の場合、そのような調査報道をしたい記者たちの受け皿になっているのは、もはや特報部ではなく、社内ではアウトサイダー的な雰囲気がまだ残る、事件などを取材する社会部だ。前述した森友学園や加計学園のスクープは、社会部の記者によるものだ。

２０１７年の８月、日本外国特派員協会は、森友学園への国有地販売問題のスクープを認め、朝日新聞の大阪本社社会部の吉村治彦氏と東京本社の飯島健太氏に、「日本調査報道賞」を贈った。（同じ授賞式で、「報道の自由推進賞」の「Supporter of the Free Press　自由な報道の主張者」部門にワセダクロニクルの渡辺周氏と花田達郎教授が選ばれている）

新メディアの調査報道を完全無視する日本の既存メディア

ワセダクロニクルは、「買われた記事」というシリーズの調査報道を行っていて、関係者、ネットの間ではかなり反響を呼んだ。その内容は、「製薬会社から電通へとお金が流れ、製薬会社の薬に効果があるという記事を共同通信が配信すると、その対価として電通から共同通信へ成功報酬が支払われる。つまり、対価を伴う一般記事が存在する」というもので、製薬会社、電通、共同通信による一般記事を通じた〝談合〟ビジネスの存在を暴露したシリーズだ。共同通信という、日本の大手既存メディアを敵にまわした報道としても注目を集めた。

２０１７年2月、ワセダクロニクルの「買われた記事」の第1回目が報じられると、共同通信は「重大な事実誤認がある」とする抗議文を送ってきたという。しかし、2017年5月には、共同通信の経営者側が、共同通信労働組合に対して、「対価を伴う一般記事の配信を今後は廃止する」という方針を示したのだ。調査報道をしっかりと行えば、相手が大手メディアであっても相当な力を発揮するという1つの実例であろう。

私はもう1つ、ワセダクロニクルと同じく調査報道の重要性を指摘するネットメディアで、NPO法人の「アイ・アジア」にも注目している。アイ・アジアは、NHKのスクープ記者だった立岩陽一郎氏が編集長を務めている。ホームページには次のように書いてある。「……既存の大手メディアは、様々な制約から人々の求める報道を実践できないでいることも徐々に明らかになってきました。……そして一方で、ひとつひとつの事実を丹念に検証して事実を明らかにする調査報道は影を潜め、人気政治家の特集や奇抜な殺人事件など、人々の耳目が集まりやすいようなニュースばかりが氾濫する状況が生じています。……」。調査報道を志向するこの2つの新メディアが登場したことは、日本のメディア界に新たな一石を投じることになるかもしれないと思う。

しかし、大手の既存メディアは、彼らの存在を無視し、彼らの活動を黙殺しようとしているように見える。日本という官僚体制の国において、大手の既存メディアは前述のとおりインサイダーである。彼らは記者クラブを通じて官僚からの情報を独占し、官僚からのリークを、さも自らの力で得たスクープのように報じてきた。

だが官僚は、自分たちや政権にとって都合のいい情報だけしかリークしない。官僚や権力者だけが得をするシステムで、大手の既存メディアも、インサイダーとしてそれに付随してきた。読者や視聴者のために仕事をすることよりも、自分たちの特権を守ることを重視してきたのだ。２０１４年の朝日新聞の報道取り消し事件は、そういう大手の既存メディアが自分たちの特権を守る方向を鮮明に示したという側面があるのだ。

しかし、現代はネット時代である。大手の既存メディアが新メディアのスクープを無視しても、それはネットで広がっていく。既存メディアの不作為を責め立てるように、じわじわと広がっていくのである。ワセダクロニクルやアイ・アジアの今後の活動に期待し、見守っていきたいと思う。

オルト・メディアやデマゴーグの登場も心配される日本の将来

ここまで触れてきたような調査報道を志向する新メディアに対して、アメリカにおけるネット新メディアには、アングラ的なオルト・メディアと呼ばれるものがあることはすでに述べたとおりだ。この新メディアは、フェイクニュースと親和性がとても強い一面がある。

フェイクニュースという言葉は、トランプ大統領の登場によって日本人に広く認識されたが、私は日本でもっともフェイクニュースらしいフェイクニュースは、2014年に朝日新聞が吉田清治氏証言の慰安婦に関する記事を取り消した際に、ある勢力がまことしやかに言うようになった、「慰安婦は存在しなかった。慰安婦は朝日新聞がつくった誤報で、そのウソを世界に広げたのも朝日新聞である」というストーリーだ。まだ２０１４年の出来事でフェイクニュースという言葉も一般的ではなかったが、まさにいまでいうフェイクニュースだった。

そして、「朝日新聞＝誤報」というミームもつくられた。「朝日新聞＝誤報」というミームを使って、歴史修正主義者たちが、そもそも慰安婦はいなかったという新しいストーリーを進めようとしたし、現在も進行中なのである。

アメリカは２０１７年にトランプ大統領が就任し、「メディアはフェイクニュースを垂れ流している」「だからメディアはウソつきだ」といった発言をしている。この場合のフェイクニュースの使い方は、トランプ大統領がプロパガンダとして語っている面がある。つまりトランプ大統領は自分の発言が真実かウソかなどは関係なく、メディアをウソつきよばわりすることで支持者にインパクトを与え、熱狂させ、彼らの支持をより確かなものにしようとしている。意図的にフェイクニュースという言葉を使っているのだ。

幸いなことに、日本はまだそこまではいっていない。日本では、ウソをついてメディアバッシングを行い、プロパガンダで日本の国民をあおったりする影響力のあるテレビタレントも、デマゴーグ的な国会議員もいまは見当たらない。

「朝日はフェイクニュースだ」というミームをつくっているのは、手法としてトランプ大統領の支持者のやり方と似ているが、それでも日本の政治家が完全なウソを意図的に言ったり、それにより大衆をあおったり、日本のリーダーになろうとしたりするようなことは、いまのところ見られない。

しかし、今後はどうなるかわからないだろう。将来的には、そのような政治家が大衆の支持を得て出現してくる可能性は十分にある。既存メディアに対して不信感が広がっており、ネットの新メディアもいまだしっかりとしたものが育っていないなか、フェイクニュースをまき散らすオルト・メディアのような新メディアが次々と出てくる可能性も捨てきれない。また何よりも、日本人の多くが日本の将来に悲観的な見方をしている点が気になる。

日本経済の低迷、北朝鮮による東アジア危機、中国の海洋進出などがどんどん進んで、日本人の危機感がさらに増していけば、デマゴーグ的な存在が出てこないとも限らない。

アメリカのようなひどい状況にはなっていないいまだからこそ、今後の日本の進路をどうすればいいのか、メディアのあり方とはどういったものなのかを、日本人1人1人がよく考えてほしいと願っている。残された時間が少ないとはいえ、行動する時間は残されているのだから。

詩想社新書

詩想社新書発刊に際して

詩想社は平成二十六年二月、「共感」を経営理念に据え創業しました。なぜ人は生きるのかを考えるとき、その答えは千差万別ですが、私たちはその問いに対し、「たった一人の人間が、別の誰かと共感するためである」と考えています。

人は一人であるからこそ、実は一人ではない。そこに深い共感が生まれる――これは、作家・国木田独歩の作品に通底する主題であり、作者の信条でもあります。

私たちも、そのような根源的な部分から発せられる深い共感を求めて出版活動をしてまいります。独歩の短編作品題名から、小社社名を詩想社としたのもそのような思いからです。

くしくもこの時代に生まれ、ともに生きる人々の共感を形づくっていくことを目指して、詩想社新書をここに創刊します。

平成二十六年

詩想社

マーティン・ファクラー（Martin Fackler）

1966年、アメリカ合衆国アイオワ州生まれ。前ニューヨーク・タイムズ東京支局長。イリノイ大学でジャーナリズムの修士号、カリフォルニア大学バークレー校で歴史学の修士号を取得。96年からブルームバーグ東京支局、AP通信社ニューヨーク本社、東京支局、北京支局、上海支局で記者として活躍。ウォール・ストリート・ジャーナル東京支局を経て、05年、ニューヨーク・タイムズ東京支局記者となる。09年２月より15年７月まで東京支局長。12年、３・11にまつわる一連の報道に関わった自身を含む東京スタッフは、ピューリッツァー賞国際報道部門のファイナリスト(次点)に選出された。現在、一般財団法人日本再建イニシアティブ主任研究員兼ジャーナリスト・イン・レジデンスに転出。20年近く日本でジャーナリスト活動を続け、日本語での読み書き、インタビューもこなす。主な著書に、『「本当のこと」を伝えない日本の新聞』、『安倍政権にひれ伏す日本のメディア』(双葉社)、『世界が認めた「普通でない国」日本』（祥伝社）がある。

詩想社
—新書—
20

権力者とメディアが
対立する新時代

2018年１月27日　第１刷発行

著　　者　マーティン・ファクラー
発 行 人　金田一一美
発 行 所　株式会社 詩想社
〒151-0073　東京都渋谷区笹塚1—57—5 松吉ビル302
TEL.03-3299-7820　FAX.03-3299-7825
E-mail info@shisosha.com

D　T　P　株式会社 キャップス
印 刷 所　株式会社 恵友社
製 本 所　株式会社 川島製本所

ISBN978-4-908170-14-0